続・中国語で おもてなし

おもてなし中国語教材開発研究チーム

KINSEIDO

まえがき

　本テキストは入門テキスト『初級中国語でおもてなし』の続編であり、内容は急に難しくならず、実践的な視点から既習知識を復習しながら、少しずつ新しい内容を取り入れる形にしています。会話、作文を中心に、"聞く、話す、読む、書く"能力を総合的に高めることができます。テキスト全体は12課からなり、内容は学習者が馴染みやすく、興味のある話題や内容を取り入れて、学習者のモチベーションを引き出せるように工夫しています。

　学習者にとって、知識をどれだけ勉強したかということよりも、勉強したものがどれだけ身についたかが、最も大事だということをこのテキストの編集方針としています。この編集方針の下で、各課に学習者のレベルに応じて、聞く、話す、書くなど多様な練習形式の問題を設けて、学習者を飽きさせず総合的に楽しく練習することができます。

　このテキストの主な特徴は以下の通りです。
1．単語や文法項目は、中国語検定試験3級、HSK4級レベルに合わせて、基本的なものを扱っています。
2．テキスト1冊で会話と読解を同時に勉強することができるように、会話と短文を両方扱っています。
3．学習者の負担を考慮して、各課の会話文を6行、短文は80字以内に収めてシンプルな形にしています。
4．各課の理解度を深めることができるように、多様な練習問題を設けています。

　一年間このテキストを通じて、中国語検定試験3級に合格し、基礎的な中国語の応用能力を身に付けることを願っています。

　本テキストは金星堂の川井義大さんに編集をご担当いただき、貴重なアドバイスと細かい編集作業をしていただきました。ここに心より感謝申し上げます。

　本テキストを使用される学習者、先生方には内容についての忌憚のないご意見をお聞かせください。

2023年9月　　著者

著　者
　おもてなし中国語教材開発研究チーム
　（代表　張軼欧）

表紙デザイン
　（株）欧友社

イラスト
　SMILES FACTORY

 音声ファイル無料ダウンロード

http://www.kinsei-do.co.jp/download/0737

この教科書で 🎧 DL 00 の表示がある箇所の音声は、上記 URL または QR コードにて
無料でダウンロードできます。自習用音声としてご活用ください。

▶ PC からのダウンロードをお勧めします。スマートフォンなどでダウンロードされる場合は、
　ダウンロード前に「解凍アプリ」をインストールしてください。
▶ URL は、**検索ボックスではなくアドレスバー (URL 表示覧)** に入力してください。
▶ お使いのネットワーク環境によっては、ダウンロードできない場合があります。

◎ **CD 00**　左記の表示がある箇所の音声は、**教室用CD** に収録されています。

目　次

第1課 自我介绍

DL 02

CD 02

❀ 桜大学に通う鈴木さんは大学で中国からの留学生の李さんと知り合いました。

会話

鈴木: 你 好！ 请 问， 你 叫 什么 名字？
Língmù: Nǐ hǎo! Qǐng wèn, nǐ jiào shénme míngzi?

李娜: 你 好！ 我 姓 李， 叫 李 娜。 你 呢？
Lǐ Nà: Nǐ hǎo! Wǒ xìng Lǐ, jiào Lǐ Nà. Nǐ ne?

鈴木: 我 姓 铃木， 叫 铃木 阳贵。
Língmù: Wǒ xìng Língmù, jiào Língmù Yángguì.

李娜: 我 学 经济， 你 的 专业 是 什么？
Lǐ Nà: Wǒ xué jīngjì, nǐ de zhuānyè shì shénme?

鈴木: 我 的 专业 也 是 经济。 认识 你 非常 高兴！
Língmù: Wǒ de zhuānyè yě shì jīngjì. Rènshi nǐ fēicháng gāoxìng!

李娜: 我 也 非常 高兴！ 以后 请 多 关照！
Lǐ Nà: Wǒ yě fēicháng gāoxìng! Yǐhòu qǐng duō guānzhào!

DL 01

CD 01

新出語句

会話

1.经济 jīngjì 経済 2.专业 zhuānyè 専門 3.认识 rènshi 知り合う 4.高兴 gāoxìng 嬉しい
5.以后请多关照! Yǐhòu qǐng duō guānzhào! 今後ともよろしくお願いします。

ポイント

1.法律 fǎlù 法律 2.国际关系 guójìguānxi 国際関係 3.对...感兴趣 duì gǎn xìngqù …に興味がある
4.美食 měishí グルメ 5.成为 chéngwéi ～になる 6.梦想 mèngxiǎng 夢 7.名 míng ～名(量詞)
8.律师 lùshī 弁護士 9.室友 shìyǒu ルームメイト

ポ イ ン ト

1 専攻の言い方

① 你 的 专业 是 什么？ ── 我 的 专业 是 法律。
　 Nǐ de zhuānyè shì shénme?　 Wǒ de zhuānyè shì fǎlǜ.

② 你 学 什么？ ── 我 学 国际关系。
　 Nǐ xué shénme?　 Wǒ xué guójìguānxi.

確認問題 次の質問に中国語で答えてください。

你的专业是什么？ ....

2 "对…感兴趣" 短文

① 你 对 什么 感 兴趣？ ── 我 对 美食 感 兴趣。
　 Nǐ duì shénme gǎn xìngqù?　 Wǒ duì měishí gǎn xìngqù.

② 你 对 什么 感 兴趣？ ── 我 喜欢 看 电影。
　 Nǐ duì shénme gǎn xìngqù?　 Wǒ xǐhuan kàn diànyǐng.

確認問題 次の質問に中国語で答えてください。

你对什么感兴趣？ ....

3 "成为"＋目的語 ──"和"＋人＋"成为"〜 短文

① 哥哥 的 梦想 是 **成为** 一 名 律师。
　 Gēge de mèngxiǎng shì chéngwéi yì míng lǜshī.

② 我 想 **和** 田中 **成为** 室友。
　 Wǒ xiǎng hé Tiánzhōng chéngwéi shìyǒu.

確認問題 次の質問に中国語で答えてください。

你的梦想是什么？ ....

我 叫 铃木 阳贵，是 大学 二 年级 的
Wǒ jiào Língmù Yángguì, shì dàxué èr niánjí de

学生。 我 的 专业 是 经济。 我 今天 在 学校
xuésheng. Wǒ de zhuānyè shì jīngjì. Wǒ jīntiān zài xuéxiào

认识了 一 位 中国 留学生，她 叫 李 娜。 她
rènshile yí wèi Zhōngguó liúxuéshēng, tā jiào Lǐ Nà. Tā

也 学习 经济。 我 对 汉语 很 感 兴趣，我
yě xuéxí jīngjì. Wǒ duì Hànyǔ hěn gǎn xìngqù, wǒ

想 和 她 成为 好 朋友。
xiǎng hé tā chéngwéi hǎo péngyou.

DL 04

CD 04

新出語句

短文

1.年级 niánjí 学年　2.位 wèi ～名(量詞)

練習

1.历史 lìshǐ 歴史　2.运动 yùndòng 運動する　3.购物 gòuwù 買い物をする

練 習 問 題

1 音声を聞いて、中国語で書きとり会話、短文の内容と一致するものに「○」、一致しないものに「×」
をつけましょう。

(1) 铃木的（2文字　　　　　）是法律。　　　　　　（　　）
Língmù de (　　　　　) shì fǎlǜ.

(2) 铃木是大学（3文字　　　　　　）的学生。　（　　）
Língmù shì dàxué (　　　　　) de xuésheng.

(3) 铃木对汉语很（3文字　　　　　　）。　　　　（　　）
Língmù duì Hànyǔ hěn (　　　　　).

2 日本語の意味に合うように（　　）内の語を並び替えましょう。

(1) 私は学校で一人の中国人留学生と知り合いました。
（我、中国留学生、在学校、认识了、一个）。

　　　　　　　　　　　　　　　　　　　　　　　　

(2) 私は中国映画にとても興味があります。
（感兴趣、我、中国电影、对、很）。

　　　　　　　　　　　　　　　　　　　　　　　　

(3) 私は彼といい友達になりたいです。
（好朋友、我、他、想、和、成为）。

　　　　　　　　　　　　　　　　　　　　　　　　

3 次の日本語を中国語に訳しましょう。

(1) あなたは何に興味をもっていますか。

(2) 私は大学二年生です。

(3) 私の専攻は国際関係です。

4 "工具箱"を参考にして空所を補い、自己紹介の会話文を作りましょう。

A：你叫什么名字？
　　Nǐ jiào shénme míngzi?

B：＿＿＿＿＿①＿＿＿＿＿。

A：你对什么感兴趣？
　　Nǐ duì shénme gǎn xìngqù?

B：＿＿＿＿②＿＿＿＿。

> **工具箱**
>
> ① 自分の名前
> ② 興味のある事柄
>
> 旅游　　美食　　历史
> lǚyóu　měishí　lìshǐ
>
> 运动　　购物　　听音乐
> yùndòng　gòuwù　tīng yīnyuè

第2课

去看樱花

DL 08

CD 08

❀ 鈴木さんは李さんを嵐山へ花見に誘いました。

会話

铃木： 明天 我们 一起 去 看 樱花，怎么样？
Língmù： Míngtiān wǒmen yìqǐ qù kàn yīnghuā, zěnmeyàng?

李娜： 明天 不 行，我 要 打工。后天 行 吗？
Lǐ Nà： Míngtiān bù xíng, wǒ yào dǎgōng. Hòutiān xíng ma?

铃木： 后天 没 问题。那，我们 后天 去 吧。
Língmù： Hòutiān méi wèntí. Nà, wǒmen hòutiān qù ba.

李娜： 我们 去 哪儿 看 樱花 好 呢？
Lǐ Nà： Wǒmen qù nǎr kàn yīnghuā hǎo ne?

铃木： 京都 岚山 的 樱花 非常 漂亮，去 那里 吧。
Língmù： Jīngdū Lánshān de yīnghuā fēicháng piàoliang, qù nàli ba.

李娜： 好 啊。我 还 没 去过 岚山，非常 期待！
Lǐ Nà： Hǎo a. Wǒ hái méi qùguo Lánshān, fēicháng qīdài!

DL 07

CD 07

新出語句

会話

1.樱花 yīnghuā 桜 2.行 xíng よろしい 3.打工 dǎgōng アルバイトする 4.京都 Jīngdū 京都
5.岚山 Lánshān 嵐山 6.漂亮 piàoliang きれい 7.期待 qīdài 期待する

ポイント

1.周末 zhōumò 週末 2.烤肉 kǎoròu 焼肉 3.件 jiàn 事柄・事件・文書などの数を数える量詞
4.事儿 shìr 事、事柄 5.怎么 zěnme どうやって 6.办 bàn やる、する 7.给 gěi ～に
8.女朋友 nǚpéngyou 彼女、ガールフレンド 9.礼物 lǐwù プレゼント 10.耳环 ěrhuán イヤリング
11.星巴克 Xīngbākè スターバックス 12.午饭 wǔfàn 昼食 13.骑 qí (自転車やバイクに)乗る

ポ イ ン ト

1 提案の仕方 〜, "怎么样"?

① 后天 去 买 东西, **怎么样**? —— 不 行, 我 后天 没有 时间。
Hòutiān qù mǎi dōngxi, zěnmeyàng? Bù xíng, wǒ hòutiān méiyǒu shíjiān.

② 这个 周末 我们 去 吃 烤肉, **怎么样**? —— 好 啊, 去 哪儿 吃?
Zhège zhōumò wǒmen qù chī kǎoròu, zěnmeyàng? Hǎo a, qù nǎr chī?

確 認 問 題 次の質問に中国語で答えてください。

今天我们去看电影, 怎么样? ....

2 自分が悩んでいる時や相手の意見を求める時 疑問詞を含む動詞フレーズ +"好呢"?

① 这 件 事儿 怎么 办 **好 呢**?
Zhè jiàn shìr zěnme bàn hǎo ne?

② 我 给 女朋友 买 什么 礼物 **好 呢**? —— 耳环 怎么样?
Wǒ gěi nǚpéngyou mǎi shénme lǐwù hǎo ne? Ěrhuán zěnmeyàng?

確 認 問 題 次の質問に中国語で答えてください。

我们星期几去京都好呢? ....

3 連動文 動詞フレーズ1+動詞フレーズ2

① 我们 去 星巴克 喝 咖啡。
Wǒmen qù Xīngbākè hē kāfēi.

② 他 骑 自行车 去 大学。
Tā qí zìxíngchē qù dàxué.

確 認 問 題 次の質問に中国語で答えてください。

你想去哪儿吃午饭? ....

11

短文

樱花　是　日本　的　国花，每年　我　都　去
Yīnghuā shì Rìběn de guóhuā, měinián wǒ dōu qù

看　樱花。后天　是　星期天，我　约　李　娜　去
kàn yīnghuā. Hòutiān shì xīngqītiān, wǒ yuē Lǐ Nà qù

京都　看　樱花。我　和　李　娜　都　是　第　一　次
Jīngdū kàn yīnghuā. Wǒ hé Lǐ Nà dōu shì dì yī cì

去　岚山　看　樱花。那里　的　樱花　非常
qù Lánshān kàn yīnghuā. Nàli de yīnghuā fēicháng

漂亮，我们　都　非常　期待。
piàoliang, wǒmen dōu fēicháng qīdài.

新出語句

短文

1.国花 guóhuā 国花　 2.约 yuē 誘う　 3.第一次 dì yī cì はじめて

練習

1.上野 Shàngyě 上野　 2.医院 yīyuàn 病院　 3.卡拉 OK kǎlā ōukèi カラオケ

4.泡温泉 pào wēnquán 温泉に入る

練 習 問 題

DL 12
CD 12

1 音声を聞いて、中国語で書きとり会話、短文の内容と一致するものに「○」、一致しないものに「×」をつけましょう。

(1) 我们（²文字　　　　　）去京都。　　（　　）
Wǒmen（　　　　　）qù Jīngdū.

(2) 李娜没（²文字　　　　　）岚山。　　（　　）
Lǐ Nà méi（　　　　　）Lánshān.

(3) 后天是（³文字　　　　　　）。　　（　　）
Hòutiān shì（　　　　　　）.

2 日本語の意味に合うように（　）内の語を並び替えましょう。

(1) 私たちは一緒に上野へ花見に行くのはいかがでしょうか。
（我们、上野、看樱花,、去、一起、怎么样）?

(2) 私は彼女を誘って焼肉を食べに行きます。
（我、吃烤肉、约、去、女朋友）。

(3) あなたは母にどんなプレゼントを買いますか。
（你、礼物、妈妈、给、什么、买）?

3 次の日本語を中国語に訳しましょう。

(1) 私はまだ中国へ行ったことがありません。

(2) 今日わたしたちは何を食べたらいいですか。

(3) 父は自転車で病院へ行きます。

4 "工具箱" を参考にして空所を補い、予定を立ててみましょう。

A：我们明天去　　　①　　　，怎么样？
Wǒmen míngtiān qù　　　　, zěnmeyàng？

B：明天不行，后天去吧。
Míngtiān bù xíng , hòutiān qù ba.

A：好啊。我们几点去？
Hǎo a. Wǒmen jǐ diǎn qù?

B：　　　②　　　。

工具箱

① 誘ってみましょう

看电影　　买东西　　吃烤肉
kàn diànyǐng　mǎi dōngxi　chī kǎoròu

喝咖啡　　唱卡拉 OK　　泡温泉
hē kāfēi　chàng kǎlāōukèi　pào wēnquán

② 集合時間を提案しましょう

第3课 坐公交车去岚山

DL 14
CD 14

❀ 鈴木さんと李娜さんは京都駅で嵐山へ行く手段について話しています。

会話

李娜：　去 岚山 有 很 多 方式， 我们 怎么 去？
Lǐ Nà：　Qù Lánshān yǒu hěn duō fāngshì， wǒmen zěnme qù？

铃木：　公交车 又 便宜 又 方便， 我们 坐 公交车 去 吧。
Língmù：　Gōngjiāochē yòu piányi yòu fāngbiàn， wǒmen zuò gōngjiāochē qù ba.

李娜：　去 岚山 的 公交车 有 很 多， 我们 坐 哪 路
Lǐ Nà：　Qù Lánshān de gōngjiāochē yǒu hěn duō， wǒmen zuò nǎ lù

公交车？
gōngjiāochē？

铃木：　73 路 还 有 五 分钟 就 来 了， 坐 73 路 吧。
Língmù：　Qīshisān lù hái yǒu wǔ fēnzhōng jiù lái le， zuò qīshisān lù ba.

李娜：　好 的。 你 知道 去 73 路 公交车 站 怎么 走 吗？
Lǐ Nà：　Hǎo de. Nǐ zhīdào qù qīshisān lù gōngjiāochē zhàn zěnme zǒu ma？

铃木：　往 前 走， 走到 前面 的 路口 往 右 拐 就 到 了。
Língmù：　Wǎng qián zǒu， zǒudào qiánmiàn de lùkǒu wǎng yòu guǎi jiù dào le.

DL 13
CD 13

新出語句

会話

1.方式 fāngshì 方法　2.公交车 gōngjiāochē バス　3.又～又… yòu～yòu… ～であり…
4.路 lù 系統、路線、コース　5.往 wǎng ～へ　6.路口 lùkǒu 交差点　7.拐 guǎi 曲がる

ポイント

1.高 gāo（背が）高い　2.帅 shuài 格好良い　3.包 bāo カバン　4.难看 nánkàn 格好悪い
5.考试 kǎoshì テストをする　6.放暑假 fàng shǔjià 夏休みになる　7.北海道 Běihǎidào 北海道
8.一直 yìzhí まっすぐ

14

DL 15

CD 15

1　"又～又…"

① 她　男朋友　**又**　高　**又**　帅。
Tā nánpéngyou yòu gāo yòu shuài.

② 这个　包　**又**　贵　**又**　难看。
Zhège bāo yòu guì yòu nánkàn.

確認問題　次の日本語を中国語に訳してください。

バスは安くて便利です。　＿＿＿＿＿＿＿＿＿＿＿＿＿＿＿＿＿＿

2　事柄などまで時間が短いことを表す表現："还有"+時間+"就(要)"+～+"了"

① **还 有**　两　个　星期　**就**　考试　**了**。
Hái yǒu liǎng ge xīngqī jiù kǎoshì le.

② 姐姐　**还 有**　两　天　**就**　去　中国　留学　**了**。
Jiějie hái yǒu liǎng tiān jiù qù Zhōngguó liúxué le.

確認問題　次の質問に中国語で答えてください。

还有多长时间就放暑假了？　＿＿＿＿＿＿＿＿＿＿＿＿＿＿＿＿

3　"怎么去"と"怎么走"

① 我们　**怎么**　**去**　北海道？　—— 坐　飞机　去　吧。
Wǒmen zěnme qù Běihǎidào? Zuò fēijī qù ba.

② 去　车站　**怎么**　**走**？　　　—— 一直　往　前　走。
Qù chēzhàn zěnme zǒu? Yìzhí wǎng qián zǒu.

確認問題　次の日本語を中国語に訳してください。

学校の図書館へはどうやっていきますか？　＿＿＿＿＿＿＿＿＿＿

从　京都　车站　去　岚山　的　方式　有　很　多，
Cóng　Jīngdū　chēzhàn　qù　Lánshān　de　fāngshì　yǒu　hěn　duō,

可以　坐　地铁，也　可以　坐　公交车。　坐　公交车
kěyǐ　zuò　dìtiě,　yě　kěyǐ　zuò　gōngjiāochē.　Zuò　gōngjiāochē

不用　换　车，而且　比　地铁　便宜，我们　决定　坐
búyòng　huàn　chē,　érqiě　bǐ　dìtiě　piányi,　wǒmen　juédìng　zuò

公交车　去。　公交车　站　离　京都　车站　很　近，
gōngjiāochē　qù.　Gōngjiāochē　zhàn　lí　Jīngdū　chēzhàn　hěn　jìn,

走路　只　要　两　分钟。
zǒulù　zhǐ　yào　liǎng　fēnzhōng.

新出語句

短文

1.不用 búyòng ～する必要がない　2.换车 huàn chē 乗り換える　3.而且 érqiě その上
4.决定 juédìng 決める　5.走路 zǒulù 歩く　6.只 zhǐ ただ、だけ

練習

1.横浜 Héngbīn 横浜　2.期中 qīzhōng 中間　3.名古屋 Mínggǔwū 名古屋

練 習 問 題

DL 18

CD 18

1 音声を聞いて、中国語で書きとり会話、短文の内容と一致するものに「○」、一致しないものに「×」をつけましょう。

(1) 他们（3文字　　　　　　）去岚山。　　　　（　　）

Tāmen (　　　　　) qù Lánshān.

(2) 坐公交车去岚山（2文字　　　　　）换车。　（　　）

Zuò gōngjiāochē qù Lánshān (　　　　　) huànchē.

(3) 坐地铁比公交车（2文字　　　　　）。　　　（　　）

Zuò dìtiě bǐ gōngjiāochē (　　　　　).

2 日本語の意味に合うように（　　）内の語を並び替えましょう。

(1) 私たちは地下鉄に乗って京都へ行きます。

（我们、京都、坐、去、地铁）。

_____

(2) 私の家は横浜駅から近いです。

（横浜车站、很、离、近、我家）。

_____

(3) あと一週間で中間テストになります。

（期中考试、一个星期、就要、还有、了）。

_____

3 次の日本語を中国語に訳しましょう。

(1) 歩いて5分しかかかりません。　　　　　_____

(2) 私たちはどうやって名古屋へいきますか。　_____

(3) 王先生は背が高くて恰好いいです。　　　_____

4 "工具箱"を参考にして空所を補い、通学についての会話文を作りましょう。

A：你每天怎么来学校？

Nǐ měitiān zěnme lái xuéxiào?

B：_____①_____。

A：从你家到大学要多长时间？

Cóng nǐ jiā dào dàxué yào duōcháng shíjiān?

B：_____②_____。

工具箱

① 手段

坐电车　　坐地铁
zuò diànchē　zuò dìtiě

骑自行车　走路
qí zìxíngchē　zǒu lù

② 所要時間

十分钟　　一个小时
shí fēnzhōng　yí ge xiǎoshí

一个半小时　　两个小时
yí ge bàn xiǎoshí　liǎng ge xiǎoshí

第**4**课　去奈良旅游

DL 20
CD 20

❀ 鈴木さんは李娜さんに奈良の有名な観光地を薦めました。

会話

李娜： 我　想　去　奈良　旅游，你　有　什么　推荐　的
Lǐ Nà: Wǒ xiǎng qù Nàiliáng lǚyóu, nǐ yǒu shénme tuījiàn de

地方　吗？
dìfang ma?

铃木： 东大寺　和　奈良　公园　都　很　有　意思。
Língmù: Dōngdàsì hé Nàiliáng gōngyuán dōu hěn yǒu yìsi.

李娜： 奈良　公园　里　是　不　是　有　很　多　鹿？
Lǐ Nà: Nàiliáng gōngyuán li shì bu shì yǒu hěn duō lù?

铃木： 是　的。奈良　的　鹿　被　称为　"神　的　使者"。
Língmù: Shì de. Nàiliáng de lù bèi chēngwéi "shén dc shǐzhě".

李娜： 去　这　两　个　地方，一　天　够　吗？
Lǐ Nà: Qù zhè liǎng ge dìfang, yì tiān gòu ma?

铃木： 够。你　还　可以　去　奈良　国立　博物馆　看看。
Língmù: Gòu. Nǐ hái kěyǐ qù Nàiliáng guólì bówùguǎn kànkan.

DL 19
CD 19

新出語句

会話

1.奈良 Nàiliáng 奈良　2.推荐 tuījiàn おすすめする　3.东大寺 Dōngdàsì 東大寺　4.鹿 lù 鹿
5.称为 chēngwéi ～と呼ぶ　6.神 shén 神、神様　7.使者 shǐzhě 使者　8.天 tiān 日
9.够 gòu 十分である　10.还 hái さらに　11.国立 guólì 国立　12.博物馆 bówùguǎn 博物館

ポイント

1.打算 dǎsuàn 予定　2.一点儿 yìdiǎnr 少し　3.感冒 gǎnmào 風邪をひく
4.活化石 huóhuàshí 活きた化石　5.榴莲 liúlián ドリアン　6.之 zhī ～の
7.王 wáng 王、王様　8.独生子女 dúshēng zǐnǚ 一人っ子　9.小皇帝 xiǎohuángdì 小さい皇帝

DL 21

CD 21

┏━━━━━━━━━━━━━━┓
ポ イ ン ト
┗━━━━━━━━━━━━━━┛

1 疑問詞の不定用法：疑問詞＋"吗"?

① 你 暑假 有 **什么** 打算 **吗**? —— 没有 什么 打算。
　 Nǐ shǔjià yǒu shénme dǎsuàn ma?　　Méiyǒu shénme dǎsuàn.

② 你 想 去 **哪儿** 旅游 **吗**? —— 我 不 想 去 旅游。
　 Nǐ xiǎng qù nǎr lǚyóu ma?　　Wǒ bù xiǎng qù lǚyóu.

確認問題 次の質問に中国語で答えてください。

你想吃(一)点儿什么吗? ⋯⋯⋯⋯⋯⋯⋯⋯⋯⋯⋯⋯⋯⋯⋯⋯⋯⋯⋯⋯

2 Aであることを確認する文型 "是不是 A"?

① 木下 **是 不 是** 去 美国 留学 了?
　 Mùxià shì bu shì qù Měiguó liúxué le?

② 下 星期三 **是 不 是** 没有 课?
　 Xià xīngqīsān shì bu shì méiyǒu kè?

確認問題 次の質問に中国語で答えてください。

今天你是不是没有课? ⋯⋯⋯⋯⋯⋯⋯⋯⋯⋯⋯⋯⋯⋯⋯⋯⋯⋯⋯⋯⋯⋯

3 "被称为"～

① 熊猫 **被 称为** "活化石"。
　 Xióngmāo bèi chēngwéi "huóhuàshí".

② 榴莲 **被 称为** "水果 之 王"。
　 Liúlián bèi chēngwéi "shuǐguǒ zhī wáng".

確認問題 次の日本語を中国語に訳してください。

以前中国の一人っ子は"小皇帝"と呼ばれていた。　　　※一人っ子：独生子女

⋯⋯⋯⋯⋯⋯⋯⋯⋯⋯⋯⋯⋯⋯⋯⋯⋯⋯⋯⋯⋯⋯⋯⋯⋯⋯⋯⋯⋯⋯⋯⋯⋯⋯⋯

 短文

奈良　有　很　多　好玩儿　的　地方，比如，
Nàiliáng　yǒu　hěn　duō　hǎowánr　de　dìfang,　bǐrú,

东大寺、奈良　公园、奈良　国立　博物馆，还　有
Dōngdàsì,　Nàiliáng　gōngyuán,　Nàiliáng　guólì　bówùguǎn,　hái　yǒu

法隆寺　等。这些　都　是　大家　喜欢　去　的
Fǎlóngsì　děng.　Zhèxiē　dōu　shì　dàjiā　xǐhuan　qù　de

地方。奈良　公园　里　有　很　多　鹿，它们　被
dìfang.　Nàiliáng　gōngyuán　li　yǒu　hěn　duō　lù,　tāmen　bèi

称为 "神　的　使者"，非常　可爱。
chēngwéi　"shén　de　shǐzhě",　fēicháng　kě'ài.

新出語句

短文

1.好玩儿 hǎowánr 面白い　2.比如 bǐrú 例えば　3.法隆寺 Fǎlóngsì 法隆寺
4.可爱 kě'ài かわいい

練習

1.活字典 huózìdiǎn 生き字引　2.青森 Qīngsēn 青森　3.环球影城 Huánqiú yǐngchéng USJ
4.冲绳 Chōngshéng 沖縄　5.一个人 yí ge rén 一人　6.家里人 jiālirén 家族

DL 24

CD 24

1 音声を聞いて、中国語で書きとり会話、短文の内容と一致するものに「○」、一致しないものに「×」をつけましょう。

(1) 奈良有很多（3文字　　　　　　　　）的地方。　　（　　）
　　Nàiliáng yǒu hěn duō（　　　　　　　）de dìfang.

(2) 奈良公园里（2文字　　　　　）鹿。　　　　　（　　）
　　Nàiliáng gōngyuán li（　　　　　）lù.

(3) 大家（3文字　　　　　）去奈良公园。　　　　（　　）
　　Dàjiā（　　　　　）qù Nàiliáng gōngyuán.

2 日本語の意味に合うように（　　）内の語を並び替えましょう。

(1) あなたはなにかオススメの場所がありますか。
　　（地方、推荐、你、什么、的、有、吗）?

(2) あなたは東大寺にも行ってみることができます。
　　（看看、你、东大寺、还、去、可以）。

(3) 彼は "生き字引" と呼ばれています。
　　（"活字典"、被、他、称为）。

3 次の日本語を中国語に訳しましょう。

(1) あなたは何か飲みたいですか。

(2) 青森へ旅行しに行くには一日で足りますか。

(3) USJ はみんなが好んでいく場所です。

4 "工具箱" を参考にして空所を補い、夏休みの旅行についての会話を作りましょう。

A：你暑假想去哪儿旅游？
　　Nǐ shǔjià xiǎng qù nǎr lǚyóu?

B：　　　　　①　　　　　。

A：你想和谁一起去？
　　Nǐ xiǎng hé shéi yìqǐ qù?

B：　　　　　②　　　　　。

工具箱

① 場所

東京　　大阪
Dōngjīng　Dàbǎn

北海道　　冲绳
Běihǎidào　Chōngshéng

② 誰と行くか伝えましょう

一个人　　朋友　　家里人
yí ge rén　péngyou　jiālirén

第5课 买东西

DL 26

CD 26

❀ 家電量販店で李娜さんは鈴木さんとパソコンのことについて相談しています。

会話

李娜: 你 觉得 这 台 苹果 电脑 怎么样?
Lǐ Nà: Nǐ juéde zhè tái Píngguǒ diànnǎo zěnmeyàng?

铃木: 看起来 很 薄、很 轻。挺 好 的。
Língmù: Kànqǐlai hěn báo、 hěn qīng. Tǐng hǎo de.

李娜: 好 是 好,就是 价格 有点儿 贵。
Lǐ Nà: Hǎo shi hǎo, jiùshì jiàgé yǒudiǎnr guì.

铃木: 是 吗? 这 台 电脑 比 你 的 预算 贵 多少?
Língmù: Shì ma? Zhè tái diànnǎo bǐ nǐ de yùsuàn guì duōshao?

李娜: 贵 两 万 日元。我 在 犹豫 买 还是 不 买。
Lǐ Nà: Guì liǎng wàn Rìyuán. Wǒ zài yóuyù mǎi háishi bù mǎi.

铃木: 贵 两 万 还 可以,即然 喜欢 就 买 吧。
Língmù: Guì liǎng wàn hái kěyǐ, jìrán xǐhuan jiù mǎi ba.

DL 25

CD 25

新出語句

会話

1.觉得 juéde ～と思う 2.台 tái ～台(量詞) 3.苹果电脑 Píngguǒ diànnǎo マック、Mac

4.看起来 kànqǐlai 見たところ 5.薄 báo 薄い 6.轻 qīng 軽い 7.挺…的 tǐng…de なかなか…だ

8.就是 jiùshì ただ一つだけの不満を取り出して言う 9.价格 jiàgé 価格、値段 10.预算 yùsuàn 予算

11.犹豫 yóuyù ためらう、躊躇する 12.还可以 hái kěyǐ まあまあいける

13.既然～,就… jìrán～jiù… ～なら…する

ポイント

1.跟 gēn ～と 2.分手 fēnshǒu 別れる 3.赶快 gǎnkuài 早く、急いで

4.行动 xíngdòng 行動する 5.不舒服 bù shūfu 具合が悪い

DL 27

CD 27

ポイント

1 "A 是 A，就是～"

这 件 衣服 好看 **是** 好看，就是 有点儿 大。
Zhè jiàn yīfu hǎokàn shi hǎokàn, jiùshì yǒudiǎnr dà.

这个 菜 好吃 **是** 好吃，就是 有点儿 辣。
Zhège cài hǎochī shi hǎochī, jiùshì yǒudiǎnr là.

確認問題 次の日本語を中国語に訳してください。

中国語は面白いことは面白いが、ちょっと難しいです。

---

2 "既然～，就…"

你 **既然** 不 喜欢 他 了，**就** 跟 他 分手 吧。
Nǐ jìrán bù xǐhuan tā le, jiù gēn tā fēnshǒu ba.

既然 已经 决定 了，**就** 赶快 行动 吧。
Jìrán yǐjīng juédìng le, jiù gǎnkuài xíngdòng ba.

確認問題 次の日本語を中国語に訳してください。

あなたは具合が悪いのならば、家に帰りましょう。　　　　※具合が悪い：不舒服

---

3 疑問詞＋"都"～ 短文

我 有点儿 不 舒服，什么 **都** 不 想 吃。
Wǒ yǒudiǎnr bù shūfu, shénme dōu bù xiǎng chī.

姐姐 什么 花 **都** 喜欢。
Jiějie shénme huā dōu xǐhuan.

確認問題 次の日本語を中国語に訳してください。

私は何もしゃべりたくない。

23

秋叶原　是　东京　非常　有名　的　电器　街。
Qiūyèyuán　shì　Dōngjīng　fēicháng　yǒumíng　de　diànqì　jiē.

那里　东西　应有尽有、物美价廉。　工作　人员
Nàli　dōngxi　yīngyǒujìnyǒu、　wùměijiàlián.　Gōngzuò　rényuán

态度　热情、知识　丰富，什么　问题　都　能　帮
tàidù　rèqíng、　zhīshi　fēngfù，shénme　wèntí　dōu　néng　bāng

你　解决。　秋叶原　还　是　日本　动漫　的　圣地。
nǐ　jiějué.　Qiūyèyuán　hái　shì　Rìběn　dòngmàn　de　shèngdì.

你　想　去　秋叶原　吗？
Nǐ　xiǎng　qù　Qiūyèyuán　ma?

新出語句

短文

1.秋叶原 Qiūyèyuán 秋葉原　2.电器 diànqì 電気器具　3.街 jiē 通り、街
4.应有尽有 yīngyǒujìnyǒu 何でもある　5.物美价廉 wùměijiàlián 物が良くて安い
6.态度 tàidù 態度　7.热情 rèqíng 親切　8.知识 zhīshi 知識　9.丰富 fēngfù 豊富である
10.解决 jiějué 解決する　11.动漫 dòngmàn アニメとマンガ　12.圣地 shèngdì 聖地

練習

1.双 shuāng ～足（量詞）　2.鞋 xié 靴　3.条 tiáo ～本（量詞）　4.裤子 kùzi ズボン
5.智能手表 zhìnéng shǒubiǎo スマートウォッチ

練 習 問 題

DL 30
CD 30

1 音声を聞いて、中国語で書きとり会話、短文の内容と一致するものに「○」、一致しないものに「×」をつけましょう。

(1) 李娜想买 (²文字　　　　　) 电脑。　　　　　　（　　）
　　Lǐ Nà xiǎng mǎi (　　　　　　) diànnǎo.

(2) 李娜觉得苹果电脑 (³文字　　　　　　) 贵。（　　）
　　Lǐ Nà juéde Píngguǒ diànnǎo (　　　　　) guì.

(3) 秋叶原的 (²文字　　　　　) 很贵。　　　　　（　　）
　　Qiūyèyuán de (　　　　　) hěn guì.

2 日本語の意味に合うように（　）内の語を並び替えましょう。

(1) このパソコンは値段が少し高い。
　　（贵、这、电脑、有点儿、价格、台）。

(2) このパソコンは私の予算より２万円高い。
　　（我的预算、两万日元、这、电脑、贵、比、台）。

(3) 気に入っているなら買いましょう。
　　（买、就、既然、吧、喜欢）。

3 次の日本語を中国語に訳しましょう。

(1) スターバックスのコーヒーはおいしいことはおいしいけど、ちょっと高いです。

(2) 兄はどこも行きたくありません。

(3) この服はあの服より二万円高いです。

4 "工具箱"を参考にして空所を補い、予算についての会話文を作りましょう。

A :＿＿＿＿＿①＿＿＿＿　怎么样？
　　　　　　　　　　zěnmeyàng?

B :＿＿＿①＿＿＿　好是好，就是有点儿贵。
　　　　　　　　hǎo shi hǎo, jiùshì yǒudiǎnr guì.

A :比你的预算贵多少？
　　Bǐ nǐ de yùsuàn guì duōshao?

B :＿＿＿＿②＿＿＿＿。

工具箱

① 買いたい物

这个包　　这双鞋
zhège bāo　zhè shuāng xié

这条裤子　　这个手表
zhè tiáo kùzi　zhège shǒubiǎo

这个电脑　　这个相机
zhège diànnǎo　zhège xiàngjī

这个智能手表
zhège zhìnéng shǒubiǎo

② 予算オーバー額

第6课

吃寿司

DL 32

CD 32

❀ 鈴木さんはレストランで李娜さんに御馳走するようです。

会話

铃木：　你　喜欢　吃　什么？　能　吃　生　的　吗？
Língmù：　Nǐ　xǐhuan　chī　shénme?　Néng　chī　shēng　de　ma?

李娜：　生　的　没　问题。　我　特别　喜欢　吃　生鱼片。
Lǐ Nà：　Shēng　de　méi　wèntí.　Wǒ　tèbié　xǐhuan　chī　shēngyúpiàn.

铃木：　那，　你　也　肯定　喜欢　吃　寿司　吧。
Língmù：　Nà，　nǐ　yě　kěndìng　xǐhuan　chī　shòusī　ba.

李娜：　是　的。　我　最　喜欢　吃　三文鱼　寿司，　你　呢？
Lǐ Nà：　Shì　de.　Wǒ　zuì　xǐhuan　chī　sānwényú　shòusī，　nǐ　ne?

铃木：　我　喜欢　吃　金枪鱼　寿司　和　青花鱼　寿司。
Língmù：　Wǒ　xǐhuan　chī　jīnqiāngyú　shòusī　hé　qīnghuāyú　shòusī.

李娜：　青花鱼　寿司　有点儿　腥，　我　吃不习惯。
Lǐ Nà：　Qīnghuāyú　shòusī　yǒudiǎnr　xīng，　wǒ　chībuxíguàn.

DL 31

CD 31

新出語句

会話

1.生 shēng 生である　2.生鱼片 shēngyúpiàn 刺身　3.肯定 kěndìng 必ず、間違いなく

4.寿司 shòusī 寿司　5.三文鱼 sānwényú 鮭　6.金枪鱼 jīnqiāngyú マグロ

7.青花鱼 qīnghuāyú サバ　8.腥 xīng 生臭い　9.…不习惯 …buxíguàn …慣れない

ポイント

1.甜 tián 甘い　2.气候 qìhòu 気候　3.潮湿 cháoshī 湿っぽい　4.屏幕 píngmù スクリーン、画面

5.这么 zhème こんなに　6.高跟鞋 gāogēnxié ハイヒール　7.穿 chuān 履く

8.不但～而且… búdàn~érqiě… ～だけでなく、その上…だ　9.环境 huánjìng 環境　10.数量 shùliàng 数

DL 33

CD 33

ポ イ ン ト

1 "能" ＋動詞

① 你 **能** 吃 生鱼片 吗? —— **能** 吃。
Nǐ néng chī shēngyúpiàn ma?　　Néng　chī.

② 你 **能** 吃 辣 的 吗? —— 我 不 **能** 吃 辣 的。
Nǐ néng chī là de ma?　　Wǒ bù néng chī là de.

確認問題 次の日本語を中国語に訳してください。　　　　　　　　　※甘い：甜

父は甘いものを食べられない。 ....

2 動詞＋"不习惯"

① 这里 的 气候 很 潮湿, 我 住**不习惯**。
Zhèli de qìhòu hěn cháoshī, wǒ zhùbuxíguàn.

② 这个 电脑 屏幕 这么 小, 我 用**不习惯**。
Zhège diànnǎo píngmù zhème xiǎo, wǒ yòngbuxíguàn.

確認問題 次の日本語を中国語に訳してください。

私はハイヒールを履きなれていない。　　　　　　　※ハイヒール：高跟鞋、履く：穿

3 "不但A，而且B也" 短文

① 我们 学校 **不但** 很 大, **而且** 环境 **也** 很 漂亮。
Wǒmen xuéxiào búdàn hěn dà, érqiě huánjìng yě hěn piàoliang.

② 我们 家 **不但** 我 会 说 汉语, **而且** 妈妈 **也** 会 说。
Wǒmen jiā búdàn wǒ huì shuō Hànyǔ, érqiě māma yě huì shuō.

確認問題 次の日本語を中国語に訳してください。

学校の図書館は環境がきれいなだけではなく、本の数もたくさんあります。　　※数：数量

27

我　特别　喜欢　吃　寿司。　我　经常　跟　朋友
Wǒ　tèbié　xǐhuan　chī　shòusī.　Wǒ　jīngcháng　gēn　péngyou

一起　去　吃　回转　寿司。　在　日本　有　很　多　家
yìqǐ　qù　chī　huízhuǎn　shòusī.　Zài　Rìběn　yǒu　hěn　duō　jiā

回转　寿司。　我　最　喜欢　的　是　寿司郎。　你们
huízhuǎn　shòusī.　Wǒ　zuì　xǐhuan　de　shì　Shòusīláng.　Nǐmen

知道　寿司郎　吗？　那里　的　寿司　不但　新鲜、
zhīdào　Shòusīláng　ma?　Nàli　de　shòusī　búdàn　xīnxiān,

便宜，　而且　种类　也　很　多。
piányi,　érqiě　zhǒnglèi　yě　hěn　duō.

短文

1.回转 huízhuǎn 回転する　2.家 jiā （量詞)軒　3.寿司郎 Shòusīláng スシロー

4.新鲜 xīnxiān 新鲜である　5.种类 zhǒnglèi 種類

練習

1.软件 ruǎnjiàn アプリ　2.鱿鱼 yóuyú イカ　3.章鱼 zhāngyú タコ　4.鲷鱼 diāoyú 鯛

5.鱼子 yúzǐ イクラ　6.海胆 hǎidǎn ウニ　7.元祖寿司 Yuánzǔ shòusī 元祖寿司

8.藏寿司 Cáng shòusī くら寿司　9.滨寿司 Bīn shòusī はま寿司

10.河童寿司 Hétóng shòusī かっぱ寿司

練習問題

1 音声を聞いて、中国語で書きとり会話、短文の内容と一致するものに「○」、一致しないものに「×」をつけましょう。

DL 36
CD 36

(1) 铃木不喜欢吃（2文字　　　　）。　　　　（　　）
　　Língmù bù xǐhuan chī（　　　　　）.

(2) 李娜喜欢吃（3文字　　　　）。　　　　（　　）
　　Lǐ Nà xǐhuan chī（　　　　）.

(3) 寿司郎的寿司很（1文字　　　）。　　　　（　　）
　　Shòusīláng de shòusī hěn（　　　　）.

2 日本語の意味に合うように（　　）内の語を並び替えましょう。

(1) このアプリは私は使いなれていません。
　　（软件、习惯、这个、不、我、用）。

(2) 私はいつも友人と寿司を食べにいきます。
　　（朋友、寿司、我、跟、去、吃、经常）。

(3) この寿司は少し生臭いです。
　　（腥、寿司、这个、有点儿）。

3 次の日本語を中国語に訳しましょう。

(1) あなたは生ものを食べられますか。

(2) あなたはあの回転寿司を知っていますか。

(3) ここの寿司は安いだけではなく、種類も多いです。

4 "工具箱"を参考にして空所を補い、寿司についての会話文を作りましょう。

A：你最喜欢吃什么寿司？
　　Nǐ zuì xǐhuan chī shénme shòusī?

B：我最喜欢吃　　　①　　　。
　　Wǒ zuì xǐhuan chī

A：你经常去哪家寿司店吃？
　　Nǐ jīngcháng qù nǎ jiā shòusī diàn chī?

B：　　　②　　　。

工具箱

① 好きな寿司ネタ
　鱿鱼　章鱼　鲷鱼
　yóuyú　zhāngyú　diāoyú
　鱼子　海胆
　yúzǐ　hǎidǎn

② 好きな店舗
　元祖寿司　藏寿司
　Yuánzǔ shòusī　Cáng shòusī
　滨寿司　河童寿司
　Bīn shòusī　Hétóng shòusī

第7课 手机落在电车上了

DL 38

CD 38

❀ 鈴木さんは電車を降り、携帯がなくなったことに気が付きました。

会話

铃木: 糟 了， 我 的 手机 不 见 了。 你 看见 了 吗？
Língmù: Zāo le, wǒ de shǒujī bú jiàn le. Nǐ kànjiàn le ma?

李娜: 没 看见。 别 着急！ 你 刚才 用 手机 了 吗？
Lǐ Nà: Méi kànjiàn. Bié zháojí! Nǐ gāngcái yòng shǒujī le ma?

铃木: 刚才 在 电车 上 用 手机 发了 一 个 短信。
Língmù: Gāngcái zài diànchē shang yòng shǒujī fāle yí ge duǎnxìn.

李娜: 用完 手机 后， 你 把 手机 放在 哪儿 了？
Lǐ Nà: Yòngwán shǒujī hòu, nǐ bǎ shǒujī fàngzài nǎr le?

铃木: 我 可能 把 手机 落在 座位 上 了。
Língmù: Wǒ kěnéng bǎ shǒujī làzài zuòwèi shang le.

李娜: 那， 你 赶快 给 电车 公司 打 电话 问问 吧。
Lǐ Nà: Nà, nǐ gǎnkuài gěi diànchē gōngsī dǎ diànhuà wènwen ba.

DL 37

CD 37

新出語句

会話

1.糟了 zāo le しまった　2.不见了 bú jiàn le 見あたらなくなった　3.别 bié ～しないで

4.看见 kànjiàn 見かける　5.着急 zháojí あわてる　6.刚才 gāngcái さっき　7.发 fā 送る

8.短信 duǎnxìn ショートメッセージ、メール　9.把 bǎ ～を　10.可能 kěnéng ～かもしれない

11.落 là 置き忘れる　12.座位 zuòwèi 座席

ポイント

1.瓶 píng ～本(量詞)　2.钥匙 yàoshi 鍵　3.忘 wàng 忘れる

4.只要～，就… zhǐyào～, jiù… ～しさえすれば…　5.好好儿 hǎohāor しっかりと　6.一定 yídìng きっと

7.学好 xuéhǎo マスターする　8.逃课 táokè 授業をさぼる　9.赞成 zànchéng 賛成する

DL 39

CD 39

ポイント

1 　"别"～

① 吃饭 时 别 说话。
　Chīfàn shí bié shuōhuà.

② 你 别 跟 老师 说 这 件 事儿。
　Nǐ bié gēn lǎoshī shuō zhè jiàn shìr.

確認問題 次の日本語を中国語に訳してください。

授業の時寝ないでください。

2 　"把"＋目的語＋"放（落，忘）在"＋場所

① 你 把 这 瓶 花 放在 桌子 上。
　Nǐ bǎ zhè píng huā fàngzài zhuōzi shang.

② 妹妹 把 钥匙 落在 教室 里 了。
　Mèimei bǎ yàoshi làzài jiàoshì li le.

確認問題 次の日本語を中国語に訳してください。

私は携帯電話を家に忘れてしまいました。

3 　"只要～，就…" 短文

① 你 只要 好好儿 学，就 一定 能 学好 汉语。
　Nǐ zhǐyào hǎohāor xué, jiù yídìng néng xuéhǎo Hànyǔ.

② 你 只要 逃课，我 就 告诉 妈妈。
　Nǐ zhǐyào táokè, wǒ jiù gàosu māma.

確認問題 次の日本語を中国語に訳してください。

母が賛成しさえすれば、私は中国へ留学しに行きます。　　　　　※賛成する：赞成

31

短文

在　日本　如果　把　东西　忘在　电车　上　了，
Zài Rìběn rúguǒ bǎ dōngxi wàngzài diànchē shang le,

一般　不用　担心。　你　只要　给　电车　公司　打
yìbān búyòng dānxīn. Nǐ zhǐyào gěi diànchē gōngsī dǎ

个　电话，就　能　找　回　自己　的　东西。坐　电车
ge diànhuà, jiù néng zhǎo huí zìjǐ de dōngxi. Zuò diànchē

时，如果　车　内　比较　拥挤，为了　避免　碰撞到
shí, rúguǒ chē nèi bǐjiào yōngjǐ, wèile bìmiǎn pèngzhuàngdào

其他　乘客，要　把　背包　放在　胸　前。
qítā chéngkè, yào bǎ bēibāo fàngzài xiōng qián.

 新出語句

短文

1.如果 rúguǒ もし～なら　2.一般 yìbān 普通、一般的に　3.担心 dānxīn 心配する
4.找回 zhǎo huí 取り戻す　5.比较 bǐjiào わりと　6.拥挤 yōngjǐ 混雑する、渋滞する
7.为了 wèile ～のために　8.避免 bìmiǎn ～を避ける　9.碰撞 pèngzhuàng ぶつかる
10.其他 qítā その他　11.乘客 chéngkè 乘客　12.背包 bēibāo リュック　13.胸 xiōng 胸

練習

1.努力 nǔlì 努力する　2.成功 chénggōng 成功する　3.丢 diū なくす　4.伞 sǎn 傘
5.帽子 màozi 帽子　6.手绢儿 shǒujuànr ハンカチ

練 習 問 題

DL 42
CD 42

1 音声を聞いて、中国語で書きとり会話、短文の内容と一致するものに「○」、一致しないものに「×」をつけましょう。

(1) 铃木在（^{3文字}　　　　　）没有用过手机。（　　）
Língmù zài (　　　　　) méiyǒu yòngguo shǒujī.

(2) 铃木的（^{2文字}　　　）不见了。　　　　　　（　　）
Língmù de (　　　　) bú jiàn le.

(3) 铃木把手机（^{2文字}　　　）电车上了。　　（　　）
Língmù bǎ shǒujī (　　　　) diànchē shang le.

2 日本語の意味に合うように（　　）内の語を並び替えましょう。

(1) 私は携帯電話を電車に忘れてしまいました。
（电车上、手机、把、我、忘在、了）。
....

(2) 私は携帯電話でショートメッセージを一通送りました。
（短信、我、手机、发、用、了、一个）。
....

(3) あなたは彼に電話して聞いてみてください。
（他、电话、你、个、给、打、问问、吧）。
....

3 次の日本語を中国語に訳しましょう。

(1) 電車に乗っているときは電話をかけないでください。
....

(2) あなたはこの本をテーブルにおいてください。　　................................

(3) 努力さえすれば成功できます。　　................................

4 "工具箱"を参考にして空所を補い、無くした物についての会話文を作りましょう。

A：你丢过东西吗?
Nǐ diūguo dōngxi ma?

B：我丢过。
Wǒ diūguo.

A：你丢过什么东西?
Nǐ diūguo shénme dōngxi?

B：　　　　　①　　　　　。

工具箱

① 無くした物

伞　　手表　　电脑
sǎn　shǒubiǎo　diànnǎo

衣服　　帽子　　手绢儿
yīfu　　màozi　　shǒujuànr

33

第8课　泡澡的习惯

 李娜さんは日本のお風呂文化について鈴木さんに尋ねています。

DL 44
CD 44

会話

李娜:　听说 日本人 有 泡澡 的 习惯，是 真 的 吗?
Lǐ Nà:　Tīngshuō Rìběnrén yǒu pàozǎo de xíguàn, shì zhēn de ma?

铃木:　是 真 的。我们 全家人 都 喜欢 泡澡。
Língmù:　Shì zhēn de. Wǒmen quánjiārén dōu xǐhuan pàozǎo.

李娜:　你们 夏天 也 泡澡 吗?
Lǐ Nà:　Nǐmen xiàtiān yě pàozǎo ma?

铃木:　是 的。中国人 没有 泡澡 的 习惯 吗?
Língmù:　Shì de. Zhōngguórén méiyǒu pàozǎo de xíguàn ma?

李娜:　没有。中国人 只 洗 淋浴，不 泡澡。
Lǐ Nà:　Méiyǒu. Zhōngguórén zhǐ xǐ línyù, bú pàozǎo.

铃木:　如果 每天 不 泡澡 的 话，我 受不了。
Língmù:　Rúguǒ měitiān bú pàozǎo de huà, wǒ shòubuliǎo.

DL 43
CD 43

 新出語句

会話

1.听说 tīngshuō 聞くところによると　2.泡澡 pàozǎo お風呂に入る　3.全家人 quánjiārén 家族全員
4.洗淋浴 xǐ línyù シャワーをする　5.受不了 shòubuliǎo たえられない

ポイント

1.生病 shēngbìng 病気になる　2.即使～也… jíshǐ～yě… たとえ～だとしても…
3.跑步 pǎobù ジョギングする　4.反对 fǎnduì 反対する　5.改变 gǎibiàn 変える
6.想法 xiǎngfǎ 考え方　7.对～来说 duì～láishuō ～にとっては　8.特别 tèbié 非常に
9.重要 zhòngyào 重要である

1　"听说"

① 听说 李 老师 生病 了，是 吗？
　　Tīngshuō Lǐ lǎoshī shēngbìng le, shì ma?

② 听 铃木 说，下 星期 有 汉语 考试。
　　Tīng Língmù shuō, xià xīngqī yǒu Hànyǔ kǎoshì.

確認問題 次の日本語を中国語に訳してください。

先生の話によると、来週は授業がない。 _____

2　"即使～也…" 短文

① 即使 明天 下 雨，我 也 要 去 跑步。
　　Jíshǐ míngtiān xià yǔ, wǒ yě yào qù pǎobù.

② 即使 大家 都 反对，他 也 不 改变 自己 的 想法。
　　Jíshǐ dàjiā dōu fǎnduì, tā yě bù gǎibiàn zìjǐ de xiǎngfǎ.

確認問題 次の日本語を中国語に訳してください。

このパソコンはたとえ非常に安くても、私は買いません。

3　"对～来说" 短文

① 对 中国 的 大学生 来 说，现在 找 工作 特别 难。
　　Duì Zhōngguó de dàxuéshēng lái shuō, xiànzài zhǎo gōngzuò tèbié nán.

② 对 我 来 说，星巴克 的 咖啡 有点儿 贵。
　　Duì wǒ lái shuō, Xīngbākè de kāfēi yǒudiǎnr guì.

確認問題 次の日本語を中国語に訳してください。

私にとって、アルバイトをするのも非常に重要だ。

泡澡 和 洗 温泉 是 日本 的 一 个 重要
Pàozǎo hé xǐ wēnquán shì Rìběn de yí ge zhòngyào

文化。 日本人 特别 喜欢 泡澡 和 洗 温泉。
wénhuà. Rìběnrén tèbié xǐhuan pàozǎo hé xǐ wēnquán.

即使 在 炎热 的 夏天，日本人 也 去 洗 温泉。
Jíshǐ zài yánrè de xiàtiān, Rìběnrén yě qù xǐ wēnquán.

对 日本人 来 说，泡澡 和 洗 温泉 能 消除
Duì Rìběnrén lái shuō, pàozǎo hé xǐ wēnquán néng xiāochú

疲劳，对 身体 很 好。
píláo, duì shēntǐ hěn hǎo.

新出語句

短文

1.文化 wénhuà 文化　2.炎热 yánrè ひどく暑い　3.消除 xiāochú 取り除く　4.疲劳 píláo 疲劳

練習

1.价钱 jiàqián 価格　2.热海 Rèhǎi 熱海　3.别府 Biéfǔ 別府　4.草津 Cǎojīn 草津
5.函馆 Hánguǎn 函館　6.伊东 Yīdōng 伊東　7.逛街 guàng jiē 街を見物する

8

練 習 問 題

DL 48
CD 48

1 音声を聞いて、中国語で書きとり会話、短文の内容と一致するものに「○」、一致しないものに「×」をつけましょう。

(1) 日本人有（²文字　　　　　）的习惯。　　　　　（　　）
Rìběnrén yǒu (　　　　　) de xíguàn.

(2) 中国人也有泡澡的（²文字　　　　　）。　　　（　　）
Zhōngguórén yě yǒu pàozǎo de (　　　　　).

(3) 日本人（²文字　　　　）也洗温泉。　　　　（　　）
Rìběnrén (　　　　　) yě xǐ wēnquán.

2 日本語の意味に合うように（　　）内の語を並び替えましょう。

(1) 温泉に入ることは体にいい。
（身体、洗温泉、好、对、很）。

_____

(2) 李先生の話では、彼は来週大阪へ行くそうです。
（说、大阪、听、李老师、他、去、下星期）。

_____

(3) たとえ値段が高くても、私はこのパソコンを買いたいです。
（贵,，价钱、即使、很、电脑、我、买、也、这个、要）。

_____

3 次の日本語を中国語に訳しましょう。

(1) 来週は中国語の試験があるらしいです。 _____

(2) 私にとって、毎日ジョギングするのはとても重要だ。

_____

(3) たとえ夏であっても、私はお風呂にはいります。 _____

4 "工具箱" を参考にして空所を補い、温泉についての会話文を作りましょう。

A：你听说过＿＿＿①热海＿＿＿温泉吗？
Nǐ tīngshuōguo　　Rèhǎi　　wēnquán ma?

B：我听说过／没听说过。
Wǒ tīngshuōguo / méi tīngshuōguo.

A：如果去这个温泉，你想做什么？
Rúguǒ qù zhège wēnquán, nǐ xiǎng zuò shénme?

B：＿＿＿＿＿②＿＿＿＿＿。

工具箱

① 温泉地
別府　　草津
Biéfǔ　　Cǎojīn

函馆　　伊东
Hánguǎn　　Yīdōng

② 何をしたいか
吃美食　　逛街　　买东西
chī měishí　　guàngjiē　　mǎi dōngxi

第9课 义理巧克力

 李娜さんは義理チョコについて悩み、鈴木さんの意見を聞いています。

会話

李娜:　铃木，什么 巧克力 比较 受 男孩子 欢迎？
Lǐ Nà:　Língmù,　shénme　qiǎokèlì　bǐjiào shòu nánháizi huānyíng?

铃木:　大家 的 口味 都 不 太 一样，我 喜欢 瑞士莲
Língmù:　Dàjiā　de　kǒuwèi dōu bú tài yíyàng,　wǒ xǐhuan Ruìshìlián

　　巧克力。
　　qiǎokèlì.

李娜:　是 吗？ 比起 瑞士莲，我 更 喜欢 歌帝梵 巧克力。
Lǐ Nà:　Shì ma?　Bǐqǐ Ruìshìlián,　wǒ gèng xǐhuan Gēdìfàn qiǎokèlì.

铃木:　歌帝梵 太 贵 了。你 打算 给 谁 买 巧克力？
Língmù:　Gēdìfàn tài guì le.　Nǐ dǎsuàn gěi shéi mǎi qiǎokèlì?

李娜:　给 一起 打工 的 同事，这 是 义理 巧克力。
Lǐ Nà:　Gěi yìqǐ dǎgōng de tóngshì,　zhè shì yìlǐ qiǎokèlì.

铃木:　太 有意思 了，你 已经 入乡随俗 了。
Língmù:　Tài yǒuyìsi le,　nǐ yǐjīng rùxiāngsuísú le.

新出語句

会話

1.受欢迎 shòu huānyíng 人気がある　2.口味 kǒuwèi 味、(味の)好み　3.瑞士莲 Ruìshìlián リンツ
4.比起 bǐqǐ 〜と比べて　5.歌帝梵 Gēdìfàn ゴディバ　6.同事 tóngshì 同僚　7.义理 yìlǐ 義理
8.入乡随俗 rùxiāngsuísú 郷に入っては郷に従え

ポイント

1.品牌 pǐnpái ブランド　2.年轻人 niánqīngrén 若者　3.草莓 cǎoméi イチゴ　4.小说 xiǎoshuō 小説
5.不是〜，而是 bú shì〜,érshì... 〜ではなく…　6.裙子 qúnzi スカート　7.先 xiān まず〜

DL 51

CD 51

1 "受欢迎"，"受～欢迎"

① 苹果 手机 很 受 欢迎。
Píngguǒ shǒujī hěn shòu huānyíng.

② 这个 品牌 很 受 年轻人 欢迎。
Zhège pǐnpái hěn shòu niánqīngrén huānyíng.

確認問題 次の日本語を中国語に訳してください。

この車は若者に大変人気がある。 ....

2 "比起 A，B 更 / 主語＋更 B"

① 比起 草莓 蛋糕，巧克力 蛋糕 更 好吃。
Bǐqǐ cǎoméi dàngāo, qiǎokèlì dàngāo gèng hǎochī.

② 比起 冬天，我 更 喜欢 夏天。
Bǐqǐ dōngtiān, wǒ gèng xǐhuan xiàtiān.

確認問題 次の日本語を中国語に訳してください。

映画を見るより、私は小説を読む方がもっと好きだ。　　　　　　　　※小説：小说

....

3 "不是～，而是…"　短文

① 这个 不 是 裙子，而是 裤子。
Zhège bú shì qúnzi, érshì kùzi.

② 他 回 家 后 不 是 先 吃 饭，而是 先 泡澡。
Tā huí jiā hòu bú shì xiān chī fàn, érshì xiān pàozǎo.

確認問題 次の日本語を中国語に訳してください。

このカバンは私のではなく、姉のだ。 ....

DL 53
CD 53

2 月 14 号 是 情人节，在 日本 有 在
Èr yuè shísì hào shì Qíngrénjié, zài Rìběn yǒu zài

这天 送 义理 巧乐力 的 习惯。 义理 巧乐力
zhètiān sòng yìlǐ qiǎokèlì de xíguàn. Yìlǐ qiǎokèlì

不是 给 恋人，而是 给 普通 朋友、同事 或
bú shì gěi liànrén, érshì gěi pǔtōng péngyou、tóngshì huò

上司 的。 在 中国 没有 这样 的 习惯，也
shàngsī de. Zài Zhōngguó méiyǒu zhèyàng de xíguàn, yě

没有 "白色 情人节" 的 说法。
méiyǒu "Báisè qíngrénjié" de shuōfǎ.

DL 52
CD 52

新出語句

短文

1.情人节 Qíngrénjié バレンタインデー　2.这天 zhètiān この日　3.恋人 liànrén 恋人

4.上司 shàngsī 上司　5.白色情人节 Báisè qíngrénjié ホワイトデー　6.说法 shuōfǎ 言い方

練習

1.六花亭 Liùhuātíng 六花亭　2.黑巧克力 hēi qiǎokèlì ダークチョコレート

3.奶油 nǎiyóu クリーム　4.芝士 zhīshì チーズ

9

練習問題

DL 54
CD 54

1 音声を聞いて、中国語で書きとり会話、短文の内容と一致するものに「○」、一致しないものに「×」をつけましょう。

(1) 2月14号是（³文字　　　　　　　　）。　　　　（　　）
Èr yuè shísì hào shì (　　　　　).

(2) 义理（³文字　　　　　　）是给恋人的。　　　（　　）
Yìlǐ (　　　　　) shì gěi liànrén de.

(3) 中国没有"白色情人节"的（²文字　　　　）。　（　　）
Zhōngguó méiyǒu "Báisè qíngrénjié" de (　　　　).

2 日本語の意味に合うように（　　）内の語を並び替えましょう。

(1) このチョコレートは若い人に比較的人気があります。
（欢迎、年轻人、巧克力、这种、受、比较）。

(2) みんなの好みはそれぞれ異なります。
（一样、口味、不太、大家的、都）。

(3) コーヒーよりも、私は紅茶の方がもっと好きだ。
（喝、比、咖啡,、起、红茶、我、喜欢、喝、更）。

3 次の日本語を中国語に訳しましょう。

(1) チョコレートケーキは男の子にとても人気があります。

(2) 夏より、私は冬が好きです。

(3) あなたは誰にプレゼントを買いますか。

4 "工具箱"を参考にして空所を補い、好きなチョコレート、ケーキについての会話文を作りましょう。

A：你喜欢吃什么巧克力？
Nǐ xǐhuan chī shénme qiǎokèlì?

B：　　　　　①　　　　　。

A：你喜欢吃什么蛋糕？
Nǐ xǐhuan chī shénme dàngāo?

B：　　　　　②　　　　　。

工具箱

① チョコレート

六花亭草莓巧克力
Liùhuātíng cǎoméi qiǎokèlì

白巧克力　　牛奶巧克力　　黑巧克力
bái qiǎokèlì　niúnǎi qiǎokèlì　hēi qiǎokèlì

② ケーキ

草莓蛋糕　　水果蛋糕
cǎoméi dàngāo　shuǐguǒ dàngāo

奶油蛋糕　　芝士蛋糕
nǎiyóu dàngāo　zhīshì dàngāo

第10课　日本特有的中国菜

DL 56

CD 56

❀ 鈴木さんと李さんは日本特有の中華料理について話をしています。

会話

铃木： 我 记得 你 好像 是 天津人，对 吧？
Língmù: Wǒ jìde nǐ hǎoxiàng shì Tiānjīnrén, duì ba?

李娜： 对，我 是 天津人，怎么 了？
Lǐ Nà: Duì, wǒ shì Tiānjīnrén, zěnme le?

铃木： 天津 的 "天津饭" 一定 比 日本 的 好吃 吧。
Língmù: Tiānjīn de "Tiānjīnfàn" yídìng bǐ Rìběn de hǎochī ba.

李娜： "天津饭" 是 什么 饭，我 没 听说过。
Lǐ Nà: "Tiānjīnfàn" shì shénme fàn, wǒ méi tīngshuōguo.

铃木： 天津 没有 "天津饭" 吗？
Língmù: Tiānjīn méiyǒu "Tiānjīnfàn" ma?

李娜： 没有。你 下次 带 我 去 吃 一 次 "天津饭" 吧。
Lǐ Nà: Méiyǒu. Nǐ xiàcì dài wǒ qù chī yí cì "Tiānjīnfàn" ba.

DL 55

CD 55

新出詞句

会話

1.记得 jìde 覚えている　2.好像 hǎoxiàng 〜のようだ　3.怎么了 zěnme le どうした
4.天津饭 Tiānjīnfàn 天津飯　5.下次 xiàcì 次回　6.带 dài 引き連れる

ポイント

1.香蕉 xiāngjiāo バナナ　2.桔子 júzi ミカン　3.什么的 shénme de など　4.爱好 àihào 趣味
5.跳舞 tiàowǔ ダンスをする　6.包子 bāozi 肉まん　7.就是 jiùshì 〜こそ…である
8.选手 xuǎnshǒu 選手

DL 57
CD 57

1 "好像"

① 你 女朋友 **好像** 有点儿 不 高兴。
 Nǐ nǚpéngyou hǎoxiàng yǒudiǎnr bù gāoxìng.

② 他 **好像** 不 太 喜欢 吃 这个 菜。
 Tā hǎoxiàng bú tài xǐhuan chī zhège cài.

確認問題 次の日本語を中国語に訳してください。

彼は今日来ないようだ。

2 "～什么的" 短文

① 我 喜欢 吃 水果，苹果、香蕉、桔子 **什么 的** 我 都 喜欢 吃。
 Wǒ xǐhuan chī shuǐguǒ, píngguǒ, xiāngjiāo, júzi shénme de wǒ dōu xǐhuan chī.

② 姐姐 有 很 多 爱好，唱歌、跳舞、旅游 **什么 的** 她 都 喜欢。
 Jiějie yǒu hěn duō àihào, chànggē, tiàowǔ, lǚyóu shénme de tā dōu xǐhuan.

確認問題 次の日本語を中国語に訳してください。

私は中華料理が好きで、餃子、炒飯、肉まんなどは私は全部好きだ。　　　＊肉まん：包子

3 "就是" 短文

① 他 **就是** 那个 非常 有名 的 棒球 选手。
 Tā jiùshì nàge fēicháng yǒumíng de bàngqiú xuǎnshǒu.

② 这个 **就是** 我 以前 给 你 推荐 的 电脑。
 Zhège jiùshì wǒ yǐqián gěi nǐ tuījiàn de diànnǎo.

確認問題 次の日本語を中国語に訳してください。

こちらの先生が私たちの英語の先生だ。

短文

在　日本　中国菜　很　受　欢迎。　大家　经常
Zài　Rìběn　Zhōngguócài　hěn　shòu　huānyíng.　Dàjiā　jīngcháng

吃　的　有　麻婆豆腐、青椒肉丝　和　煎饺　什么
chī　de　yǒu　mápódòufu、　qīngjiāoròusī　hé　jiānjiǎo　shénme

的。　但是，在　日本　也　有　很　多　中国　没有
de.　Dànshì,　zài　Rìběn　yě　yǒu　hěn　duō　Zhōngguó　méiyǒu

的　中国菜。　比如，"天津饭"，这　就是　日本人
de　Zhōngguócài.　Bǐrú,　"Tiānjīnfàn",　zhè　jiùshì　Rìběnrén

自己　创造出来　的　"中国菜"。
zìjǐ　chuàngzàochūlai　de　"Zhōngguócài".

新出語句

短文

1.青椒肉丝 qīngjiāoròusī チンジャオロース　2.煎饺 jiānjiǎo 焼きギョーザ
3.创造 chuàngzào 創造する

練習

1.河豚火锅 hétún huǒguō ふぐ鍋　2.小笼包 xiǎolóngbāo ショウロンポー
3.担担面 dàndànmiàn タンタンメン　4.咕咾肉 gūlǎoròu 酢豚
5.回锅肉 huíguōròu ホイコーロー　6.棒棒鸡 bàngbàngjī バンバンジー
7.油淋鸡 yóulínjī ユーリンチー

10

練 習 問 題

DL 60
CD 60

1 音声を聞いて、中国語で書きとり会話、短文の内容と一致するものに「○」、一致しないものに「×」をつけましょう。

(1) 中国（²文字　　　　）天津饭。　　　（　）
Zhōngguó（　　　　　）tiānjīnfàn .

(2) 李娜不是（³文字　　　　　　）。　　（　）
Lǐ Nà bú shì（　　　　　）.

(3) 李娜没（²文字　　　　）过天津饭。　（　）
Lǐ Nà méi（　　　　）guo tiānjīnfàn .

2 日本語の意味に合うように（　　）内の語を並び替えましょう。

(1) 彼は今日とても嬉しそうです。
（高兴、他、很、好像、今天）。

(2) あなたが作ったご飯は、きっと私が作ったのよりおいしいです。
（你、好吃、饭、做的、我、一定、比、做的）。

(3) 私がいつも食べている果物はリンゴ、バナナなどがあります。
（什么的、苹果、香蕉、我、有、吃的水果、经常）。

3 次の日本語を中国語に訳しましょう。

(1) 李先生は上海出身のようだ。

(2) 私は一度ふぐ鍋を食べたいです。

(3) これが姉が作ったチョコレートケーキです。

4 "工具箱"を参考にして空所を補い、中華料理についての会話文を作りましょう。

A：你喜欢吃天津饭吗？
Nǐ xǐhuan chī tiānjīnfàn ma？

B：_____①_____ 。

A：你最喜欢吃什么中国菜？
Nǐ zuì xǐhuan chī shénme Zhōngguó cài？

B：_____②_____ 。

工具箱

① 天津飯が好きか嫌いか

② 中華料理

小笼包　　煎饺　　担担面
xiǎolóngbāo　jiānjiǎo　dàndànmiàn

咕咾肉　回锅肉　棒棒鸡　油淋鸡
gūlǎoròu　huíguōròu　bàngbàngjī　yóulínjī

45

第 11 课 理想的男朋友

DL 62

CD 62

❀ 鈴木さんは李さんに中国人女性の理想的なパートナーについて尋ねています。

会話

铃木： 中国　女孩儿　心目　中　理想　的　男朋友　是
Língmù: Zhōngguó　nǚháir　xīnmù　zhōng　lǐxiǎng　de　nánpéngyou　shì
什么样　的？
shénmeyàng　de?

李娜： 理想　的　男朋友　当然　是　"高富帅"　了。
Lǐ Nà: Lǐxiǎng　de　nánpéngyou　dāngrán　shì　"gāofùshuài"　le.

铃木： "高富帅"　是　什么　意思？
Língmù: "Gāofùshuài"　shì　shénme　yìsi?

李娜： 又　高　又　帅，还　有　很　多　钱。
Lǐ Nà: Yòu　gāo　yòu　shuài,　hái　yǒu　hěn　duō　qián.

铃木： 条件　太　高　了。这样　的　男朋友　好　找　吗？
Língmù: Tiáojiàn　tài　gāo　le.　Zhèyàng　de　nánpéngyou　hǎo　zhǎo　ma?

李娜： 真实　情况　是，理想　很　丰满，现实　很　骨感！
Lǐ Nà: Zhēnshí　qíngkuàng　shì,　lǐxiǎng　hěn　fēngmǎn,　xiànshí　hěn　gǔgǎn!

DL 61

CD 61

新出語句

会話

1.心目 xīnmù 考え、心の中　2.理想 lǐxiǎng 理想　3.当然…了 dāngrán…le もちろん…だよ

4.高富帅 gāofùshuài 高身長でお金持ちでイケメン　5.条件 tiáojiàn 条件　6.好 hǎo 〜しやすい

7.真实 zhēnshí 事実である　8.情况 qíngkuàng 状況　9.丰满 fēngmǎn 豊である

10.现实 xiànshí 現実　11.骨感 gǔgǎn 細身

ポイント

1.试 shì 試す　2.枝 zhī 〜本(量詞)　3.笔 bǐ ペン　4.首 shǒu 〜曲(量詞)　5.天气 tiānqì 天気

6.胖 pàng 太っている　7.越来越 yuèláiyuè ますます〜

DL 63
CD 63

1 "当然～了"

① 我 **当然** 想 去 中国 留学 **了**。
Wǒ dāngrán xiǎng qù Zhōngguó liúxué le.

② 我 **当然** 喜欢 去 北海道 滑雪 **了**。
Wǒ dāngrán xǐhuan qù Běihǎidào huáxuě le.

確認問題 次の日本語を中国語に訳してください。

私はもちろん中国語を勉強するのが好きです。

---

2 "好" + 動詞

① 你 试试。这 枝 笔 非常 **好** 写。
Nǐ shìshi. Zhè zhī bǐ fēicháng hǎo xiě.

② 我 觉得 这 首 歌 不 太 **好** 唱。
Wǒ juéde zhè shǒu gē bú tài hǎo chàng.

確認問題 次の日本語を中国語に訳してください。

この自転車は非常に乗りやすいです。

---

3 "越来越" 短文

① 天气 **越来越** 冷 了。
Tiānqì yuèláiyuè lěng le.

② 哥哥 最近 **越来越** 忙 了。
Gēge zuìjìn yuèláiyuè máng le.

確認問題 次の日本語を中国語に訳してください。　　　＊太っている：胖

弟はますます太くなった。

DL 65
CD 65

以前， 日本 女孩儿 找 男朋友 的 理想 是
Yǐqián, Rìběn nǚháir zhǎo nánpéngyou de lǐxiǎng shì

"三高"。"三高" 指的 是 高个子、高收入 和
"sāngāo". "Sāngāo" zhǐde shì gāogèzi、 gāoshōurù hé

高学历。现在， 随着 女性 在 经济 上 越来越
gāoxuélì. Xiànzài, suízhe nǚxìng zài jīngjì shang yuèláiyuè

独立， 价值观 和 人品 成为 找 男朋友 时
dúlì, jiàzhíguān hé rénpǐn chéngwéi zhǎo nánpéngyou shí

最 重要 的 要素。
zuì zhòngyào de yàosù.

 新出語句

DL 64
CD 64

短文

1.女孩儿 nǚháir 女の子　2.三高 sāngāo 高学歴・高収入・高身長　3.指 zhǐ 指す　4.个子 gèzi 身長
5.收入 shōurù 収入　6.学历 xuélì 学歴　7.随着 suízhe ～につれて　8.独立 dúlì 独立
9.价值观 jiàzhíguān 価値観　10.人品 rénpǐn 人柄　11.要素 yàosù 要素

練習

1.发展 fāzhǎn 発展　2.确实 quèshí 確かに　3.这样 zhèyàng このような
4.白富美 báifūměi 色白で裕福で美人　5.温柔 wēnróu やさしい　6.开朗 kāilǎng 明るい
7.一致 yízhì 一致する　8.同样 tóngyàng 同じ

11

練 習 問 題

1 音声を聞いて、中国語で書きとり会話、短文の内容と一致するものに「○」、一致しないものに「×」
をつけましょう。

DL 66
CD 66

(1) (³文字　　　　　　　　　）是中国女孩儿心目中理想的男朋友。　　　　（　　）
　　（　　　　　　　）shì Zhōngguó nǚháir xīnmù zhōng lǐxiǎng de nánpéngyou.

(2) 日本女性在经济上（³文字　　　　　　　）独立了。　　　　　　　　　（　　）
　　Rìběn nǚxìng zài jīngjì shang（　　　　　）dúlì le.

(3) 以前日本女孩儿找（³文字　　　　　　　）的理想是"三高"。　　　　（　　）
　　Yǐqián Rìběn nǚháir zhǎo（　　　　　）de lǐxiǎng shì sāngāo.

2 日本語の意味に合うように（　　）内の語を並び替えましょう。

(1) 私はもちろん焼き肉が好きです。
　　（我、烤肉、喜欢、当然、吃、了）。

(2) 経済の発展にともない、ここはますます便利になりました。
　　（经济、的、随着、发展,、方便、这里、越来越、了）。

(3) このような彼氏はなかなか見つかりません。
　　（找、男朋友、这样的、好、不）。

3 次の日本語を中国語に訳しましょう。

(1) この携帯電話は大変使いやすいです。
(2) パソコンはますます高くなっています。
(3) あなたの条件は高すぎます。

4 "工具箱"を参考にして空所を補い、理想のパートナーについての会話を作りましょう。

A：我觉得找一个理想的男/女朋友很难，你觉得呢？
　　Wǒ juéde zhǎo yí ge lǐxiǎng de nán / nǚpéngyou hěn nán, nǐ juéde ne?

B：确实是这样。
　　Quèshí shì zhèyàng.

A：你理想的男/女朋友是什么样的？
　　Nǐ lǐxiǎng de nán / nǚpéngyou shì shénmeyàng de?

B：　　　　①

工具箱

① 理想のパートナー像

白富美　　温柔的　　开朗的
báifùměi　wēnróude　kāilǎngde

跟我价值观一致的
gēn wǒ jiàzhíguān yízhì de

跟我有同样爱好的
gēn wǒ yǒu tóngyàng àihào de

第 12 课

回家过年

DL 68

CD 68

❀ 鈴木さんは李さんと正月の過ごしかたについて話しています。

会話

李娜：　　快 放 寒假 了，你 打算 什么 时候 回 老家？
Lǐ Nà：　Kuài fàng hánjià le,　nǐ　dǎsuàn shénme shíhou huí lǎojiā?

铃木：　　我 寒假 不 打算 回 老家。
Língmù：　Wǒ　hánjià　bù　dǎsuàn　huí　lǎojiā.

李娜：　　为什么？ 你 不 回 家 和 父母 一起 过年 吗？
Lǐ Nà：　Wèishénme?　Nǐ　bù　huí　jiā　hé　fùmǔ　yìqǐ　guònián ma?

铃木：　　我 寒假 得 在 这里 打工，没有 时间 回 老家。
Língmù：　Wǒ　hánjià　děi　zài　zhèli　dǎgōng,　méiyǒu shíjiān huí lǎojiā.

李娜：　　是 吗？ 你 不 回 家 过年，你 父母 不 说 你 吗？
Lǐ Nà：　Shì　ma?　Nǐ　bù　huí　jiā　guònián,　nǐ　fùmǔ　bù shuō nǐ ma?

铃木：　　我 去年 也 没 回 家 过年。我 父母 都 习惯 了。
Língmù：　Wǒ　qùnián　yě　méi huí　jiā　guònián.　Wǒ　fùmǔ dōu xíguàn le.

DL 67

CD 67

新出語句

会話

1.快～了 kuài~le もうすぐ～だ　2.寒假 hánjià 冬休み　3.老家 lǎojiā 実家

4.过年 guònián 正月を過ごす　5.得 děi ～しなければならない　6.说 shuō しかる

7.都…了 dōu…le もう…になった

ポイント

1.带 dài 持つ　2.电视剧 diànshìjù テレビドラマ　3.一～，就… yī~jiù… ～すると、すぐに…

4.放假 fàng jià 休みになる　5.作业 zuòyè 宿題

DL 69

CD 69

1 "快（要）～了"

① 快（要） 考试 了，我 得 好好儿 学习 了。
Kuàiyào kǎoshì le, wǒ děi hǎohāor xuéxí le.

② 快（要） 下 雨 了，你 带 伞 了 吗?
Kuàiyào xià yǔ le, nǐ dài sǎn le ma?

確認問題 次の日本語を中国語に訳してください。

もうすぐ12時になる。

2 "有"＋目的語フレーズ＋動詞フレーズ

① 我 有 一 个 朋友 特别 喜欢 看 韩国 电视剧。
Wǒ yǒu yí ge péngyou tèbié xǐhuan kàn Hánguó diànshìjù.

② 爸爸 工作 太 忙 了，没有 时间 去 旅游。
Bàba gōngzuò tài máng le, méiyǒu shíjiān qù lǚyóu.

確認問題 次の日本語を中国語に訳してください。

私は旅行へ行くお金がない。

3 "一～，就…" 短文

① 我 一 看 书 就 想 睡觉。
Wǒ yí kàn shū jiù xiǎng shuìjiào.

② 我 一 放假 就 回 老家。
Wǒ yí fàng jià jiù huí lǎojiā.

確認問題 次の日本語を中国語に訳してください。

姉は家に帰ると、すぐ宿題をやる。 ＊宿題：作业

CD 71

短文

过年　时　吃　年节菜　是　日本　的　一　个
Guònián shí chī niánjiécài shì Rìběn de yí ge

传统　文化　习惯。以前　年节菜　都　是　在　家　做。
chuántǒng wénhuà xíguàn. Yǐqián niánjiécài dōu shì zài jiā zuò.

但是，现在　做　年节菜　的　家庭　越来越　少，
Dànshì, xiànzài zuò niánjiécài de jiātíng yuèláiyuè shǎo,

专门　做　年节菜　的　公司　越来越　多。一　到
zhuānmén zuò niánjiécài de gōngsī yuèláiyuè duō. Yí dào

年末，就　能　看到　很　多　年节菜　的　广告。
niánmò, jiù néng kàndào hěn duō niánjiécài de guǎnggào.

DL 70
CD 70

新出語句

短文

1.年节菜 niánjiécài おせち料理　2.传统 chuántǒng 伝統　3.但是 dànshì しかし
4.家庭 jiātíng 家庭　5.专门 zhuānmén わざわざ　6.年末 niánmò 年末　7.广告 guǎnggào 広告

練習

1.困 kùn 眠たい　2.海带 hǎidài 昆布　3.干鲱鱼子 gānfēiyúzǐ カズノコ　4.黑豆 hēidòu 黒豆
5.大虾 dàxiā エビ　6.鱼糕 yúgāo かまぼこ　7.蛋卷儿 dànjuǎnr 伊達巻き

12

練 習 問 題

DL 72

CD 72

1 音声を聞いて、中国語で書きとり会話、短文の内容と一致するものに「○」、一致しないものに「×」をつけましょう。

(1) 铃木（2文字　　　　）打算回老家。　（　　）
Língmù (　　　　　　) dǎsuàn huí lǎojiā.

(2) 铃木寒假要（2文字　　　　）。　　　（　　）
Língmù hánjià yào (　　　　　).

(3) 铃木去年回家（2文字　　　）了。　（　　）
Língmù qùnián huí jiā (　　　　) le.

2 日本語の意味に合うように（　　）内の語を並び替えましょう。

(1) 私は冬休み実家に帰るつもりはありません。
（老家、我、不、回、寒假、打算）。

....

(2) 彼はテレビを見る時間がありません。
（时间、电视、他、看、没有）。

....

(3) 兄は家に帰るとすぐに寝ます。
（睡觉、哥哥、一、回家、就）。

....

3 次の日本語を中国語に訳しましょう。

(1) もうすぐ冬休みになります。

(2) 私は実家に帰る時間がありません。

(3) おじいさんはテレビを見ると眠たくなります。

4 "工具箱"を参考にして空所を補い、年越しについての会話を作りましょう。

A：你家过年时自己做年节菜吗？
Nǐ jiā guònián shí zìjǐ zuò niánjiécài ma?

B：＿＿＿＿＿＿① ＿＿＿＿＿＿。

A：你最喜欢吃的年节菜是什么？
Nǐ zuì xǐhuan chī de niánjiécài shì shénme?

B：＿＿＿＿＿＿② ＿＿＿＿＿＿。

工具箱

① おせち料理を作るか
② 好きなおせち料理

海带　干鲱鱼子　黑豆　鲷鱼
hǎidài　gānfēiyúzǐ　hēidòu　diāoyú

大虾　鱼糕　蛋卷
dàxiā　yúgāo　dànjuǎn

発展練習問題

1 モデル文を参照して、イラストの人物を紹介してみましょう。

DL 73
CD 73

我叫木下洋子，是大学二年级的学生。我的专业是日本文学。我的好朋友叫铃木阳贵。他也是大学二年级的学生。我们都喜欢旅游。

Wǒ jiào Mùxià Yángzǐ, shì dàxué èr niánjí de xuésheng. Wǒ de zhuānyè shì Rìběn wénxué. Wǒ de hǎo péngyou jiào Língmù Yángguì. Tā yě shì dàxué èr niánjí de xuésheng. Wǒmen dōu xǐhuan lǚyóu.

名字	木下惠 Mùxià Huì	佐藤武 Zuǒténg Wǔ
专业	经营 jīngyíng	法律 fǎlǜ
年级	大学三年级 dàxué sān niánjí	大学四年级 dàxué sì niánjí
爱好	看书 kàn shū	踢足球 tī zúqiú

2 次の質問に中国語で答えましょう。

① 你叫什么名字？ ....

② 你的专业是什么？ ....

③ 你现在几年级？ ....

④ 你的爱好是什么？ ....

3 **1**と**2**の情報を活用して、自己紹介文を書きましょう。

....

....

....

第2课

発　展　練　習　問　題

1 モデル文を参照して、イラストの花見スポットを紹介してみましょう。

DL 74

CD 74

京都圆山公园的樱花非常有名。圆山公园里有六百八十多棵樱花树，公园里的垂枝樱最有名。园山公园是免费的，去那里看樱花不要钱。

Jīngdū Yuánshān gōngyuán de yīnghuā fēicháng yǒumíng. Yuánshān gōngyuán li yǒu liùbǎi bāshí duō kē yīnghuā shù, gōngyuán li de chuízhīyīng zuì yǒumíng. Yuánshān gōngyuán shì miǎnfèi de, qù nàli kàn yīnghuā bú yào qián.

地点	新宿御苑 Xīnsù yùyuàn	清水寺 Qīngshuǐsì
数量	一千棵 yìqiān kē	一千五百棵 yìqiān wǔbǎi kē
种类	染井吉野樱，八重樱 rǎnjǐng jíyě yīng　bāchóng yīng	吉野樱，山樱 jíyě yīng　shān yīng
收费	五百日元 wǔbǎi Rìyuán	四百日元 sìbǎi Rìyuán

2 次の質問に中国語で答えましょう。

① 你觉得哪里的樱花最好看？

② 那里有多少颗樱花树？

③ 那里什么樱花最有名？

④ 去那里看樱花要钱吗？

3 **1**と**2**の情報を活用して、自分が好きな花見の名所を紹介しましょう。

発展練習問題

DL 75

CD 75

1 モデル文を参照して、イラストについて紹介してみましょう。

富士山是日本的名山。从东京去富士山的方式有很多种，可以坐公交车，也可以坐电车。坐公交车去要两个小时左右，要两千日元。坐电车去要一个小时五十二分钟，要四千多日元。

Fùshìshān shì Rìběn de míngshān. Cóng Dōngjīng qù Fùshìshān de fāngshì yǒu hěn duō zhǒng, kěyǐ zuò gōngjiāochē, yě kěyǐ zuò diànchē. Zuò gōngjiāochē qù yào liǎng ge xiǎoshí zuǒyòu, yào liǎng qiān Rìyuán. Zuò diànchē qù yào yí ge xiǎoshí wǔshí'èr fēnzhōng, yào sì qiān duō Rìyuán.

目的地	东京去热海 Dōngjīng qù Rèhǎi	东京去热海 Dōngjīng qù Rèhǎi
手段	新干线 xīngànxiàn	公交车 gōngjiāochē
时间	五十分钟 wǔshí fēnzhōng	两个小时二十分钟 liǎng ge xiǎoshí èrshí fēnzhōng
费用	四千日元 sìqiān Rìyuán	两千日元 liǎngqiān Rìyuán

2 次の質問に中国語で答えましょう。

① 你觉得去哪里旅游比较好？

② 怎么去那里好？

③ 去那里要多长时间？

④ 去那里要多少钱？

3 **1**と**2**の情報を活用して、自分が好きな観光地への行き方を紹介しましょう。

第 4 课

発 展 練 習 問 題

DL 76

CD 76

1 モデル文を参照して、イラストの観光地について紹介してみましょう。

　　　东京有很多好玩儿的地方，比如，浅草寺、晴空塔、银座、新宿等，这些都是大家喜欢去的地方。在东京去这些地方玩儿，要用两天时间。

　　　Dōngjīng yǒu hěn duō hǎowánr de dìfang, bǐrú, Qiǎncǎosì、Qíngkōngtǎ、Yínzuò、Xīnsù děng, zhèxiē dōu shì dàjiā xǐhuan qù de dìfang. Zài Dōngjīng qù zhèxiē dìfang wánr, yào yòng liǎng tiān shíjiān.

地点	冲绳 Chōngshéng	北海道 Běihǎidào
景点	美丽海水族馆 Měilìhǎi shuǐzúguǎn	白色恋人公园 Báisè liànrén gōngyuán
	首里城 Shǒulǐchéng	小樽运河 Xiǎozūn yùnhé
	古宇利岛 Gǔyǔlì dǎo	登别地狱谷 Dēngbié dìyùgǔ
	竹富岛 Zhúfù dǎo	函馆山 Hánguǎnshān
时间	三天 sān tiān	四天 sì tiān

2 次の問に中国語で答えましょう。

① 你想去哪里旅游？

② 你有什么推荐的地方吗？

③ 你觉得开车和坐电车，哪个方便？

④ 去这些地方玩儿，要用几天时间？

3 **1**と**2**の情報を活用して、自分がオススメの観光スポットを紹介しましょう。

57

発展練習問題

DL 77

CD 77

1 モデル文を参照して、イラストの買い物について紹介してみましょう。

　　友都八喜是日本非常有名的实体电器店，那里有各种各样的电器产品。友
都八喜的种类多、价格便宜、服务也非常好。大家都喜欢去那里买东西。

　　Yǒudōubāxǐ shì Rìběn fēicháng yǒumíng de shítǐ diànqì diàn, nàli yǒu gèzhǒng gèyàng de diànqì
chǎnpǐn. Yǒudōubāxǐ de zhǒnglèi duō、jiàgé piányi、fúwù yě fēicháng hǎo. Dàjiā dōu xǐhuan qù nàli mǎi
dōngxi.

网店	乐天市场 Lètiān shìchǎng	亚马逊 Yàmǎxùn
性质	网上商店 wǎngshang shāngdiàn	网上商店 wǎngshang shāngdiàn
特征	食品、服装比较多 shípǐn　fúzhuāng bǐjiào duō	商品种类丰富 shāngpǐn zhǒnglèi fēngfù
運送	送货速度一般 sònghuò sùdù yìbān	送货快 sònghuò kuài

2 次の質問に中国語で答えましょう。

① 你喜欢实体店还是网上商店？ ....

② 你喜欢在哪里买东西？ ....

③ 你喜欢乐天市场还是亚马逊？ ....

④ 你经常在网上商店买什么？ ....

3 **1**と**2**の情報を活用して、自分がオススメする電化製品のお店を紹介しましょう。

....

....

....

発 展 練 習 問 題

DL 78

CD 78

1 モデル文を参照して、お店を紹介してみましょう。

我特别喜欢吃面条。我最喜欢的店叫神座拉面。这是一家连锁店，在日本全国各地都有分店。我经常去的店在难波，我觉得这家店的特点是，里面的蔬菜比较多，我非常喜欢。

Wǒ tèbié xǐhuan chī miàntiáo. Wǒ zuì xǐhuan de diàn jiào Shénzuò lāmiàn. Zhè shì yì jiā liánsuǒdiàn, zài Rìběn quánguó gèdì dōu yǒu fēndiàn. Wǒ jīngcháng qù de diàn zài Nánbō, wǒ juéde zhè jiā diàn de tèdiǎn shì, lǐmiàn de shūcài bǐjiào duō, wǒ fēicháng xǐhuan.

性質	中国菜 Zhōngguócài	意大利菜 Yìdàlìcài
名称	王将 Wángjiāng	萨莉亚 Sàlìyà
推荐	煎饺很好吃 jiānjiǎo hěn hǎochī	肉酱焗饭很好吃 ròujiàng júfàn hěn hǎochī

2 次の問に中国語で答えましょう。

① 你喜欢吃什么？

② 你经常去的店在哪儿？

③ 那家店的什么最好吃？

④ 那家店贵吗？

3 **1**と**2**の情報を活用して、自分がオススメする飲食店を紹介しましょう。

発 展 練 習 問 題

DL 79

CD 79

1 モデル文の日本語を確認しましょう。

　　在日本生活有很多需要注意的地方。比如，在电车上不能跟朋友大声说话、不能打电话、人多的时候还要把背包放在前面。给要结婚的朋友送礼物时不能送双数，要送单数。另外，也不能把梳子当作礼物送人。如果不注意这些，很容易让人不高兴。

　　Zài Rìběn shēnghuó yǒu hěn duō xūyào zhùyì de dìfang. Bǐrú, zài diànchē shang bù néng gēn péngyou dàshēng shuōhuà、bù néng dǎ diànhuà、rén duō de shíhou hái yào bǎ bēibāo fàngzài qiánmiàn. Gěi yào jiéhūn de péngyou sòng lǐwù shí bù néng sòng shuāngshù, yào sòng dānshù. Lìngwài, yě bù néng bǎ shūzi dàngzuò lǐwù sòng rén. Rúguǒ bú zhùyì zhèxiē, hěn róngyì ràng rén bù gāoxìng.

....

....

....

....

2 次の問に中国語で答えましょう。

① 你在电车上跟朋友大声说话吗？..

② 你在电车上打过电话吗？..

③ 你觉得最不礼貌的行为是什么？..

※不礼貌 bù lǐmào：マナーが悪い

④ 你还知道哪些送别人礼物时需要注意的事情？

....

3 **1**と**2**の情報を活用して、日本で気をつける習慣を書きましょう。

....

....

....

第8课 　発 展 練 習 問 題

DL 80
CD 80

1 モデル文の日本語を確認しましょう。

　　日本的城崎温泉非常有名。城崎温泉在兵库县。城崎温泉的温泉街非常漂亮。游客除了可以在自己住宿的旅馆泡温泉以外，还可以去外面的温泉。这是城崎温泉很有意思的地方。外面的温泉被称为"外汤"。从十一月到第二年的三月，在城崎温泉还能吃到好吃的螃蟹。

　　Rìběn de Chéngqí wēnquán fēicháng yǒumíng. Chéngqí wēnquán zài Bīngkù xiàn. Chéngqí wēnquán de wēnquán jiē fēicháng piàoliang. Yóukè chúle kěyǐ zài zìjǐ zhùsù de lǚguǎn pào wēnquán yǐwài, hái kěyǐ qù wàimiàn de wēnquán. Zhè shì Chéngqí wēnquán hěn yǒuyìsi de dìfang. Wàimiàn de wēnquán bèi chēngwéi "Wàitāng". Cóng shíyī yuè dào dì èr nián de sānyuè, zài Chéngqí wēnquán hái néng chīdào hǎochī de pángxiè.

....

....

....

....

2 次の問に中国語で答えましょう。

① 你去过城崎温泉吗？ ....

② 你最喜欢的温泉在哪里？ ....

③ 你觉得那里的温泉什么地方最有魅力？

....

④ 那个温泉最有名的特产是什么？ ....

3 **1**と**2**の情報を活用して、オススメの温泉について書きましょう。

....

....

....

61

発展練習問題

DL 81

CD 81

1 モデル文の日本語を確認しましょう。

　　日本有很多跟西方文化有关系的节日。比如，情人节、万圣节、圣诞节等。过这些节日的时候日本有互相送礼物的习惯。去年的情人节，朋友送给我了她自己做的巧克力，那个巧克力非常好吃。万圣节姐姐给了我一盒比较贵的咖啡。因为我喜欢红色，圣诞节妈妈送了我一件红色的毛衣。

　　Rìběn yǒu hěn duō gēn xīfāng wénhuà yǒu guānxi de jiérì. Bǐrú, Qíngrénjié、Wànshèngjié、Shèngdànjié děng. Guò zhèxiē jiérì de shíhou Rìběn yǒu hùxiāng sòng lǐwù de xíguàn. Qùnián de Qíngrénjié, péngyou sònggěi wǒ le tā zìjǐ zuò de qiǎokèlì, nàge qiǎokèlì fēicháng hǎochī. Wànshèngjié jiějie gěile wǒ yì hé bǐjiào guì de kāfēi. Yīnwèi wǒ xǐhuan hóngsè, Shèngdànjié māma sòngle wǒ yí jiàn hóngsè de máoyī.

2 次の問に中国語で答えましょう。

① 去年过生日时你得到了什么生日礼物？

② 情人节你和朋友互相送巧克力吗？

③ 去年的圣诞节你得到了什么礼物？

④ 你今年想得到什么圣诞节礼物？

3 **1**と**2**の情報を活用して、今年のクリスマスに友人へプレゼントを贈る場合、どのようなものを贈りますか。その理由も書きましょう。

発 展 練 習 問 題

1 モデル文の日本語を確認しましょう。

DL 82

CD 82

　　在日本中国菜非常有名，我也很喜欢吃中国菜。我喜欢吃辣的东西，我最喜欢吃的中国菜是麻婆豆腐。我会做麻婆豆腐，我经常在家做，家里人都说我做的麻婆豆腐比超市的好吃。我觉得 7-11 便利店的麻婆豆腐也很好吃，我也经常吃那里的麻婆豆腐盖浇饭。

　　Zài Rìběn Zhōngguó cài fēicháng yǒumíng, wǒ yě hěn xǐhuan chī Zhōngguó cài. Wǒ xǐhuan chī là de dōngxi, wǒ zuì xǐhuan chī de Zhōngguó cài shì mápódòufu. Wǒ huì zuò mápódòufu, wǒ jīngcháng zài jiā zuò, jiālirén dōu shuō wǒ zuò de mápódòufu bǐ chāoshì de hǎochī. Wǒ juéde qī yāo yāo biànlìdiàn de mápódòufu yě hěn hǎochī, wǒ yě jīngcháng chī nàli de mápódòufu gàijiāofàn.

2 次の問に中国語で答えましょう。

① 你喜欢吃什么中国菜？

② 你会做中国菜吗？

③ 你觉得便利店的中国菜好吃吗？

④ 你经常去哪里吃中国菜？

3 **1**と**2**の情報を活用して、自分が好きな中華料理を紹介しましょう。

DL 83

CD 83

1 モデル文の日本語を確認しましょう。

中国的年轻人越来越不想结婚了。中国的结婚率一直在下降，结婚年龄也在变大，2021 年中国人的平均初婚年龄是 28.67 岁，比 2010 年大了四岁。中国人结婚时有买房、买车的习惯，房和车一般都是父母给孩子买。如果父母没有能力给孩子买房和车，孩子就很难结婚。

Zhōngguó de niánqīngrén yuèláiyuè bù xiǎng jiéhūn le. Zhōngguó de jiéhūnlǜ yìzhí zài xiàjiàng, jiéhūn niánlíng yě zài biàn dà, èr líng èr yī nián Zhōngguórén de píngjūn chūhūn niánlíng shì èrshíbā diǎn liùqī suì, bǐ èr líng yī líng nián dàle sì suì. Zhōngguórén jiéhūn shí yǒu mǎi fáng、mǎi chē de xíguàn, fáng hé chē yìbān dōu shì fùmǔ gěi háizi mǎi. Rúguǒ fùmǔ méiyǒu nénglì gěi háizi mǎi fáng hé chē, háizi jiù hěn nán jiéhūn.

2 次の問に中国語で答えましょう。

① 工作后你想买房吗？

② 工作后你想买车吗？

③ 你结婚后打算跟父母一起住吗？

④ 你觉得多大结婚比较好？

3 **1**と**2**の情報を活用して、日本の結婚事情について調べて書きましょう。

発 展 練 習 問 題

DL 84

CD 84

1 モデル文の日本語を確認しましょう。

　　新年对我来说是一个非常重要的节日。每年我都要和家里人一起过新年。我家每年都自己做年节菜。年节菜里我最喜欢吃的是海带卷和鲷鱼。过新年时，我觉得最快乐的事情就是和家里人一起去参拜神社和抽签*。今年我抽的签是大吉，希望今年我有一个好运气。

*抽签：くじを引く

Xīnnián duì wǒ lái shuō shì yí ge fēicháng zhòngyào de jiérì. Měinián wǒ dōu yào hé jiālirén yìqǐ guò xīnnián. Wǒ jiā měinián dōu zìjǐ zuò niánjiécài. Niánjiécài li wǒ zuì xǐhuan chī de shì hǎidàijuǎn hé diāoyú. Guò xīnnián shí, wǒ juéde zuì kuàilè de shìqing jiùshì hé jiālirén yìqǐ qù cānbài shénshè hé chōu qiān. Jīnnián wǒ chōu de qiān shì dàjí, xīwàng jīnnián wǒ yǒu yí ge hǎo yùnqì.

2 次の問に中国語で答えましょう。

① 你每年在老家过年吗？

② 你每年吃年节菜吗？

③ 过年时你觉得最快乐的事情是什么？

④ 你参拜神社时抽签吗？

3 **1**と**2**の情報を活用して、自分の正月の過ごし方を書きましょう。

dúshēng zǐnǚ	独生子女	一人っ子	第4課 ポイント
duǎnxìn	短信	ショートメッセージ、メール	第7課 会話
duì gǎn xìngqù	对…感兴趣	…に興味がある	第1課 ポイント
duì~láishuō	对~来说	~にとっては	第8課 ポイント

E

érqiě	而且	その上	第3課 短文
ěrhuán	耳环	イヤリング	第2課 ポイント

F

fā	发	送る	第7課 会話
fāzhǎn	发展	発展	第11課 練習問題
Fǎlóngsì	法隆寺	法隆寺	第4課 短文
fǎlǜ	法律	法律	第1課 ポイント
fǎnduì	反对	反対する	第8課 ポイント
fāngshì	方式	方法	第3課 会話
fàng jià	放假	休みになる	第12課 ポイント
fàng shǔjià	放暑假	夏休みになる	第3課 ポイント
fēnshǒu	分手	別れる	第5課 ポイント
fēngfù	丰富	豊富である	第5課 短文
fēngmǎn	丰满	豊である	第11課 会話

G

gǎibiàn	改变	変える	第8課 ポイント
gǎnkuài	赶快	早く、急いで	第5課 ポイント
gǎnmào	感冒	風邪をひく	第4課 ポイント
gānfēiyúzǐ	干鲱鱼子	カズノコ	第12課 練習問題
gāngcái	刚才	さっき	第7課 会話
gāo	高	(背が)高い	第3課 ポイント
gāofùshuài	高富帅	高身長でお金持ちでイケメン	第11課 会話
gāogēnxié	高跟鞋	ハイヒール	第6課 ポイント
gāoxìng	高兴	嬉しい	第1課 会話
Gēdìfàn	歌帝梵	ゴディバ	第9課 会話
gèzi	个子	身長	第11課 短文

gěi	给	~に	第2課 ポイント
gēn	跟	~と	第5課 ポイント
gōngjiāochē	公交车	バス	第3課 会話
gòu	够	十分である	第4課 会話
gòuwù	购物	買い物をする	第1課 練習問題
gūlǎoròu	咕咾肉	酢豚	第10課 練習問題
gǔgǎn	骨感	細身	第11課 会話
guǎi	拐	曲がる	第3課 会話
guǎnggào	广告	広告	第12課 短文
guàng jiē	逛街	街を見物する	第8課 練習問題
guóhuā	国花	国花	第2課 短文
guójìguānxi	国际关系	国際関係	第1課 ポイント
guólì	国立	国立	第4課 会話
guònián	过年	正月を過ごす	第12課 会話

H

hái	还	さらに	第4課 会話
hái kěyǐ	还可以	まあまあいける	第5課 会話
hǎidài	海带	昆布	第12課 練習問題
hǎidǎn	海胆	ウニ	第6課 練習問題
hánjià	寒假	冬休み	第12課 会話
Hánguǎn	函馆	函館	第8課 練習問題
hǎo	好	~しやすい	第11課 会話
hǎohāor	好好儿	しっかりと	第7課 ポイント
hǎowánr	好玩儿	面白い	第4課 短文
hǎoxiàng	好像	~のようだ	第10課 会話
Hétóng shòusī	河童寿司	かっぱ寿司	第6課 練習問題
hétún huǒguō	河豚火锅	ふぐ鍋	第10課 練習問題
hēidòu	黑豆	黒豆	第12課 練習問題
hēi qiǎokèlì	黑巧克力	ダークチョコレート	第9課 練習問題
Héngbīn	横滨	横浜	第3課 練習問題
huàn chē	换车	乗り換える	第3課 短文

huánjìng	环境	環境	第6課ポイント
Huánqiú yǐngchéng	环球影城	USJ	第4課練習問題
huíguōròu	回锅肉	ホイコーロー	第10課練習問題
huízhuǎn	回转	回転する	第6課短文
huóhuàshí	活化石	活きた化石	第4課ポイント
huózìdiǎn	活字典	生き字引	第4課練習問題
J			
jìde	记得	覚えている	第10課会話
jírán~jiù…	既然~，就…	~なら…する	第5課会話
jíshǐ~yě…	即使~也…	たとえ~だとしても…	第8課ポイント
jiā	家	(量詞)軒	第6課短文
jiālirén	家里人	家族	第4課練習問題
jiātíng	家庭	家庭	第12課短文
jiàgé	价格	価格、値段	第5課会話
jiàqián	价钱	価格	第8課練習問題
jiàzhíguān	价值观	価値観	第11課短文
jiàn	件	事柄・事件・文書などの数を数える量詞	第2課ポイント
jiānjiǎo	煎饺	焼きギョーザ	第10課短文
jiē	街	通り、街	第5課短文
jiějué	解决	解決する	第5課短文
jīngdū	京都	京都	第2課会話
jīngjì	经济	経済	第1課会話
jīnqiāngyú	金枪鱼	マグロ	第6課会話
jiùshì	就是	ただ一つだけの不満を取り出して言う	第5課ポイント
jiùshì	就是	~こそ…である	第10課ポイント
júzi	桔子	ミカン	第10課ポイント
juéde	觉得	~と思う	第5課会話
juédìng	决定	決める	第3課短文
K			
kǎlā ōukèi	卡拉OK	カラオケ	第2課練習問題

kāilǎng	开朗	明るい	第11課練習問題
kànjiàn	看见	見かける	第7課会話
kànqǐlai	看起来	見たところ	第5課会話
kǎoròu	烤肉	焼肉	第2課ポイント
kǎoshì	考试	テストをする	第3課ポイント
kě'ài	可爱	かわいい	第4課短文
kěnéng	可能	~かもしれない	第7課会話
kěndìng	肯定	必ず、間違いなく	第6課会話
kǒuwèi	口味	味、(味の)好み	第9課会話
kùzi	裤子	ズボン	第5課練習問題
kuài~le	快~了	もうすぐ~だ	第12課会話
kùn	困	眠たい	第12課練習問題
L			
là	落	置き忘れる	第7課会話
Lánshān	岚山	嵐山	第2課会話
lǎojiā	老家	実家	第12課会話
lǐwù	礼物	プレゼント	第2課ポイント
lǐxiǎng	理想	理想	第11課会話
lìshǐ	历史	歴史	第1課練習問題
liànrén	恋人	恋人	第9課短文
liúlián	榴莲	ドリアン	第4課ポイント
Liùhuātíng	六花亭	六花亭	第9課練習問題
lù	路	系統、路線、コース	第3課会話
lù	鹿	鹿	第4課会話
lùkǒu	路口	交差点	第3課会話
lùshī	律师	弁護士	第1課ポイント
M			
màozi	帽子	帽子	第7課練習問題
měishí	美食	グルメ	第1課ポイント
mèngxiǎng	梦想	夢	第1課ポイント
míng	名	~名(量詞)	第1課ポイント

Mínggǔwū	名古屋	名古屋	第3課 練習問題

N

nǎiyóu	奶油	クリーム	第9課 練習問題
Nàiliáng	奈良	奈良	第4課 会話
nánkàn	难看	格好悪い	第3課 ポイント
niánjí	年级	学年	第1課 短文
niánjiécài	年节菜	おせち料理	第12課 短文
niánmò	年末	年末	第12課 短文
niánqīngrén	年轻人	若者	第9課 ポイント
nǔlì	努力	努力する	第7課 練習問題
nǚháir	女孩儿	女の子	第11課 短文
nǚpéngyou	女朋友	彼女、ガールフレンド	第2課 ポイント

P

pǎobù	跑步	ジョギングする	第8課 ポイント
pào wēnquán	泡温泉	温泉に入る	第2課 練習問題
pàozǎo	泡澡	お風呂に入る	第8課 会話
pàng	胖	太っている	第11課 ポイント
pèngzhuàng	碰撞	ぶつかる	第7課 短文
pílǎo	疲劳	疲労	第8課 短文
piàoliang	漂亮	きれい	第2課 会話
pǐnpái	品牌	ブランド	第9課 ポイント
píng	瓶	～本（量詞）	第7課 ポイント
Píngguǒ diànnǎo	苹果电脑	マック、Mac	第5課 会話
píngmù	屏幕	スクリーン、画面	第6課 ポイント

Q

qí	骑	（自転車やバイクに）乗る	第2課 ポイント
qīdài	期待	期待する	第2課 会話
qīzhōng	期中	中間	第3課 練習問題
qítā	其他	その他	第7課 短文
qìhòu	气候	気候	第6課 ポイント
qīng	轻	軽い	第5課 会話
qīnghuāyú	青花鱼	サバ	第6課 会話
qīngjiāoròusī	青椒肉丝	チンジャオロース	第10課 短文
Qīngsēn	青森	青森	第4課 練習問題
qíngkuàng	情况	状況	第11課 会話
Qíngrénjié	情人节	バレンタインデー	第9課 短文
Qiūyèyuán	秋叶原	秋葉原	第5課 短文
quánjiārén	全家人	家族全員	第8課 会話
quèshí	确实	確かに	第11課 練習問題
qúnzi	裙子	スカート	第9課 ポイント

R

Rèhǎi	热海	熱海	第8課 練習問題
rèqíng	热情	親切	第5課 短文
rénpǐn	人品	人柄	第11課 短文
rènshi	认识	知り合う	第1課 会話
rúguǒ	如果	もし～なら	第7課 短文
rùxiāngsuísú	入乡随俗	郷に入っては郷に従え	第9課 会話
ruǎnjiàn	软件	アプリ	第6課 練習問題
Ruìshìlián	瑞士莲	リンツ	第9課 会話

S

sǎn	伞	傘	第7課 練習問題
sāngāo	三高	高学歴・高収入・高身長	第11課 短文
sānwényú	三文鱼	鮭	第6課 会話
shàngsī	上司	上司	第9課 短文
Shàngyě	上野	上野	第2課 練習問題
shén	神	神、神様	第4課 会話
shénme de	什么的	など	第10課 ポイント
shēng	生	生である	第6課 会話
shēngbìng	生病	病気になる	第8課 ポイント
shēngyúpiàn	生鱼片	刺身	第6課 会話
shèngdì	圣地	聖地	第5課 短文
shǐzhě	使者	使者	第4課 会話

shì	试	試す	第11課 ポイント
shìr	事儿	事、事柄	第2課 ポイント
shìyǒu	室友	ルームメイト	第1課 ポイント
shōurù	收入	収入	第11課 短文
shǒu	首	～曲（量詞）	第11課 ポイント
shǒujuànr	手绢儿	ハンカチ	第7課 練習問題
shòu huānyíng	受欢迎	人気がある	第9課 会話
shòubuliǎo	受不了	たえられない	第8課 会話
shòusī	寿司	寿司	第6課 会話
Shòusīláng	寿司郎	スシロー	第6課 短文
shùliàng	数量	数	第6課 ポイント
shuài	帅	格好良い	第3課 ポイント
shuāng	双	～足（量詞）	第5課 練習問題
shuō	说	しかる	第12課 会話
shuōfǎ	说法	言い方	第9課 短文
suízhe	随着	～につれて	第11課 短文

T

tái	台	～台（量詞）	第5課 会話
tàidù	态度	態度	第5課 短文
táokè	逃课	授業をさぼる	第7課 ポイント
tèbié	特别	非常に	第8課 ポイント
tiān	天	日	第4課 会話
Tiānjīnfàn	天津饭	天津飯	第10課 会話
tiānqì	天气	天気	第11課 ポイント
tián	甜	甘い	第6課 ポイント
tiáo	条	～本（量詞）	第5課 練習問題
tiáojiàn	条件	条件	第11課 会話
tiàowǔ	跳舞	ダンスをする	第10課 ポイント
tīngshuō	听说	聞くところによると	第8課 会話
tǐng…de	挺…的	なかなか…だ	第5課 会話
tóngshì	同事	同僚	第9課 会話

tóngyàng	同样	同じ	第11課 練習問題
tuījiàn	推荐	おすすめする	第4課 会話

W

wáng	王	王、王様	第4課 ポイント
wǎng	往	～へ	第3課 会話
wàng	忘	忘れる	第7課 ポイント
wèi	位	～名（量詞）	第1課 短文
wèile	为了	～のために	第7課 短文
wēnróu	温柔	やさしい	第11課 練習問題
wénhuà	文化	文化	第8課 短文
wǔfàn	午饭	昼食	第2課 ポイント
wùměijiàlián	物美价廉	物が良くて安い	第5課 短文

X

xǐ línyù	洗淋浴	シャワーをする	第8課 会話
xiàcì	下次	次回	第10課 会話
xiān	先	まず～	第9課 ポイント
xiànshí	现实	現実	第11課 会話
xiāngjiāo	香蕉	バナナ	第10課 ポイント
xiǎngfǎ	想法	考え方	第8課 ポイント
xiāochú	消除	取り除く	第8課 短文
xiǎohuángdì	小皇帝	小さい皇帝	第4課 ポイント
xiǎolóngbāo	小笼包	ショウロンポー	第10課 練習問題
xiǎoshuō	小说	小説	第9課 ポイント
xié	鞋	靴	第5課 練習問題
xīnmù	心目	考え、心の中	第11課 会話
xīnxiān	新鲜	新鮮である	第6課 短文
xīng	腥	生臭い	第6課 会話
Xīngbākè	星巴克	スターバックス	第2課 ポイント
xíng	行	よろしい	第2課 会話
xíngdòng	行动	行動する	第5課 ポイント
xiōng	胸	胸	第7課 短文

xuǎnshǒu	选手	選手	第10課 ポイント
xuéhǎo	学好	マスターする	第7課 ポイント
xuélì	学历	学歴	第11課 短文

Y

yánrè	炎热	ひどく暑い	第8課 短文
yàoshi	钥匙	鍵	第7課 ポイント
yàosù	要素	要素	第11課 短文
yī～jiù…	一～，就…	～すると、すぐに…	第12課 ポイント
Yīdōng	伊东	伊東	第8課 練習問題
yīyuàn	医院	病院	第2課 練習問題
yídìng	一定	きっと	第7課 ポイント
yí ge rén	一个人	一人	第4課 練習問題
yízhì	一致	一致する	第11課 練習問題
Yǐhòu qǐng duō guānzhào!	以后请多关照！	今後ともよろしくお願いします。	第1課 会話
yìbān	一般	普通、一般的に	第7課 短文
yìdiǎnr	一点儿	少し	第4課 ポイント
yìlǐ	义理	義理	第9課 会話
yìzhí	一直	まっすぐ	第3課 ポイント
yīnghuā	樱花	桜	第2課 会話
yīngyǒujìnyǒu	应有尽有	何でもある	第5課 短文
yōngjǐ	拥挤	混雑する、渋滞する	第7課 短文
yòu～yòu…	又～又…	～であり…	第3課 会話
yóulínjī	油淋鸡	ユーリンチー	第10課 練習問題
yóuyú	鱿鱼	イカ	第6課 練習問題
yóuyù	犹豫	ためらう、躊躇する	第5課 会話
yúgāo	鱼糕	かまぼこ	第12課 練習問題
yúzǐ	鱼子	イクラ	第6課 練習問題
yùsuàn	预算	予算	第5課 会話
Yuánzǔ shòusī	元祖寿司	元祖寿司	第6課 練習問題
yuē	约	誘う	第2課 短文
yuèláiyuè	越来越	ますます～	第11課 ポイント

| yùndòng | 运动 | 運動する | 第1課 練習問題 |

Z

zànchéng	赞成	賛成する	第7課 ポイント
zāo le	糟了	しまった	第7課 会話
zěnme	怎么	どうやって	第2課 ポイント
zěnme le	怎么了	どうした	第10課 会話
zhāngyú	章鱼	タコ	第6課 練習問題
zháojí	着急	あわてる	第7課 会話
zhǎohuí	找回	取り戻す	第7課 短文
zhème	这么	こんなに	第6課 ポイント
zhètiān	这天	この日	第9課 短文
zhèyàng	这样	このような	第11課 練習問題
zhēnshí	真实	事実である	第11課 会話
zhī	之	～の	第4課 ポイント
zhī	枝	～本(量詞)	第11課 ポイント
zhīshi	知识	知識	第5課 短文
zhīshì	芝士	チーズ	第9課 練習問題
zhǐ	只	ただ、だけ	第3課 短文
zhǐ	指	指す	第11課 短文
zhǐyào～, jiù…	只要～，就…	～しさえすれば…	第7課 ポイント
zhìnéng shǒubiǎo	智能手表	スマートウォッチ	第5課 練習問題
zhǒnglèi	种类	種類	第6課 短文
zhòngyào	重要	重要である	第8課 ポイント
zhōumò	周末	週末	第2課 ポイント
zhuānmén	专门	わざわざ	第12課 短文
zhuānyè	专业	専門	第1課 会話
zǒulù	走路	歩く	第3課 短文
zuòwèi	座位	座席	第7課 会話
zuòyè	作业	宿題	第12課 ポイント

ご採用の先生方へ

本テキストには plus⁺Media の文法解説動画の中に確認問題があり、それらは次に説明する CheckLink に対応しています（このテキスト自体には CheckLink 対応の問題はありませんのでご注意ください）。

CheckLink を使用しなくても問題は解けますが、授業活性化に役立つツールです。右ページをご参考いただき、ぜひご活用ください。

なお、付録の内容などの詳しい説明は、教授用資料にありますので、そちらもご参考いただけますと幸いです。

本書は CheckLink（チェックリンク）対応テキストです。

CheckLinkのアイコンが表示されている設問は、CheckLink に対応しています。

CheckLink を使用しなくても従来通りの授業ができますが、特色をご理解いただき、授業活性化のためにぜひご活用ください。

CheckLink の特色について

　大掛かりで複雑な従来の e-learning システムとは異なり、CheckLink のシステムは大きな特色として次の３点が挙げられます。

1. これまで行われてきた教科書を使った授業展開に大幅な変化を加えることなく、専門的な知識なしにデジタル学習環境を導入することができる。
2. PC教室やCALL教室といった最新の機器が導入された教室に限定されることなく、普通教室を使用した授業でもデジタル学習環境を導入することができる。
3. 授業中での使用に特化し、教師・学習者双方のモチベーション・集中力をアップさせ、授業自体を活性化することができる。

▶教科書を使用した授業に「デジタル学習環境」を導入できる

　本システムでは、学習者は教科書の CheckLink のアイコンが表示されている設問に PC やスマートフォン、アプリからインターネットを通して解答します。そして教師は、授業中にリアルタイムで解答結果を把握し、正解率などに応じて有効な解説を行うことができるようになっています。教科書自体は従来と何ら変わりはありません。解答の手段として CheckLink を使用しない場合でも、従来通りの教科書として使用して授業を行うことも、もちろん可能です。

▶教室環境を選ばない

　従来の多機能な e-learning 教材のように学習者側の画面に多くの機能を持たせることはせず、「解答する」ことに機能を特化しました。PC だけでなく、一部タブレット端末やスマートフォン、アプリからの解答も可能です。したがって、PC教室やCALL教室といった大掛かりな教室は必要としません。普通教室でも CheckLink を用いた授業が可能です。教師は PC だけでなく、一部タブレット端末やスマートフォンからも解答結果の確認をすることができます。

▶授業を活性化するための支援システム

　本システムは予習や復習のツールとしてではなく、授業中に活用されることで真価を発揮する仕組みになっています。CheckLink というデジタル学習環境を通じ、教師と学習者双方が授業中に解答状況などの様々な情報を共有することで、学習者はやる気を持って解答し、教師は解答状況に応じて効果的な解説を行う、という好循環を生み出します。CheckLink は、普段の授業をより活力のあるものへと変えていきます。

　上記３つの大きな特色以外にも、掲示板などの授業中に活用できる機能を用意しています。従来通りの教科書としても使用はできますが、ぜひ CheckLink の機能をご理解いただき、普段の授業をより活性化されたものにしていくためにご活用ください。

CheckLink の使い方

CheckLink は、PCや一部のタブレット端末、スマートフォン、アプリを用いて、この教科書にある
⟳CheckLink のアイコン表示のある設問に解答するシステムです。
・初めてCheckLinkを使う場合、以下の要領で**「学習者登録」**と**「教科書登録」**を行います。
・一度登録を済ませれば、あとは毎回**「ログイン画面」**から入るだけです。CheckLink を使う
　教科書が増えたときだけ、改めて**「教科書登録」**を行ってください。

CheckLink URL

https://checklink.kinsei-do.co.jp/student/

登録は CheckLink 学習者用
アプリが便利です。ダウン
ロードはこちらから ▶ ▶ ▶

▶**学習者登録**（PC ／タブレット／スマートフォンの場合）
①上記 URLにアクセスすると、右のページが表示されます。学校名を入力し
　「ログイン画面へ」を選択してください。
　PCの場合は 「PC用はこちら」 を選択してPC用ページを表示します。同
　様に学校名を入力し「ログイン画面へ」を選択してください。
②ログイン画面が表示されたら **「初めての方はこちら」** を選択し
　「学習者登録画面」に入ります。

③自分の学籍番号、氏名、メールアドレス（学校
　のメールなど**PCメールを推奨**）を入力し、次
　に**任意のパスワード**を8桁以上20桁未満（半
　角英数字）で入力します。なお、学籍番号は
　パスワードとして使用することはできません。
④「パスワード確認」は、❸で入力したパスワー
　ドと同じものを入力します。
⑤最後に「登録」ボタンを選択して登録は完了
　です。次回からは、「ログイン画面」から学籍
　番号とパスワードを入力してログインしてく
　ださい。

▶教科書登録

①ログイン後、メニュー画面から「教科書登録」を選び（PCの場合はその後「新規登録」ボタンを選択）、「教科書登録」画面を開きます。

②教科書と受講する授業を登録します。
教科書の最終ページにある、**教科書固有番号**のシールをはがし、印字された**16桁の数字とアルファベット**を入力します。

③授業を担当される先生から連絡された**11桁の授業ID**を入力します。

④最後に「登録」ボタンを選択して登録は完了です。

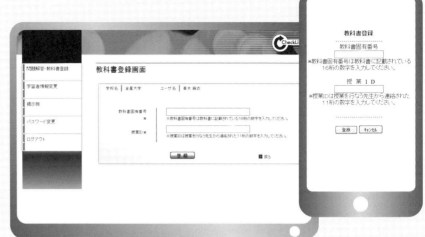

⑤実際に使用する際は「教科書一覧」（PCの場合は「教科書選択画面」）の該当する教科書名を選択すると、「問題解答」の画面が表示されます。

▶問題解答

①問題は教科書を見ながら解答します。この教科書の ⟳CheckLink のアイコン表示のある設問に解答できます。

②問題が表示されたら選択肢を選びます。

③表示されている問題に解答した後「解答」ボタンを選択すると解答が登録されます。

▶CheckLink 推奨環境

PC
推奨 OS
  Windows 7, 10 以降
  MacOS X 以降

推奨ブラウザ
  Internet Explorer 8.0 以上
  Firefox 40.0 以上
  Google Chrome 50 以上
  Safari

携帯電話・スマートフォン
  3G 以降の携帯電話（docomo, au, softbank）
  iPhone, iPad（iOS9 ～）
  Android OS スマートフォン、タブレット

・最新の推奨環境についてはウェブサイトをご確認ください。
・上記の推奨環境を満たしている場合でも、機種によってはご利用いただけない場合もあります。また、
  推奨環境は技術動向等により変更される場合があります。

▶CheckLink 開発

CheckLink は奥田裕司 福岡大学教授、正興 IT ソリューション株式会社、株式会社金星堂によって共同開発されました。

CheckLink は株式会社金星堂の登録商標です。

CheckLink の使い方に関するお問い合わせは…

正興ITソリューション株式会社　CheckLink 係

e-mail checklink@seiko-denki.co.jp

このテキストのメインページ
www.kinsei-do.co.jp/plusmedia/0737

次のページの QR コードを読み取ると
直接ページにジャンプできます

オンライン映像配信サービス「plus⁺Media」について

本テキストの映像は plus⁺Media ページ（www.kinsei-do.co.jp/plusmedia）から、ストリーミング再生でご利用いただけます。手順は以下に従ってください。

ログイン

- ●ご利用には、ログインが必要です。
  サイトのログインページ（www.kinsei-do.co.jp/plusmedia/login）へ行き、plus⁺Media パスワード（次のページのシールをはがしたあとに印字されている数字とアルファベット）を入力します。

- ●パスワードは各テキストにつき１つです。
  有効期限は、<u>はじめてログインした時点から１年間</u>になります。

ログインページ

[利用方法]

次のページにある QR コード、もしくは plus⁺Media トップページ（www.kinsei-do.co.jp/plusmedia）から該当するテキストを選んで、そのテキストのメインページにジャンプしてください。

メニューページ　　　　　再生画面

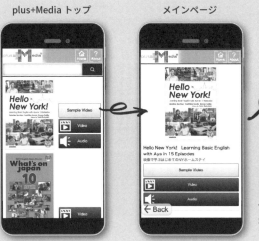

plus+Media トップ　　　　メインページ

「Video」「Audio」をタッチすると、それぞれのメニューページにジャンプしますので、そこから該当する項目を選べば、ストリーミングが開始されます。

[推奨環境]

iOS (iPhone, iPad)	OS: iOS 12 以降 ブラウザ：標準ブラウザ	Android	OS: Android 6 以降 ブラウザ：標準ブラウザ、Chrome
PC	OS: Windows 7/8/8.1/10, MacOS X　ブラウザ：Internet Explorer 10/11, Microsoft Edge, Firefox 48以降, Chrome 53以降, Safari		

※最新の推奨環境についてはウェブサイトをご確認ください。
※上記の推奨環境を満たしている場合でも、機種によってはご利用いただけない場合もあります。また、推奨環境は技術動向等により変更される場合があります。予めご了承ください。

本テキストをご使用の方は以下の動画を視聴することができます。

発音解説・練習動画

解説パート
李軼倫先生が発音のコツをわかりやすく解説

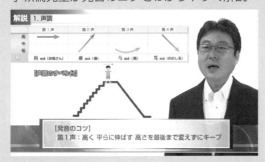

練習パート
チャンツを活用して、リズムに合わせて練習

文法解説動画

金子真生先生が文法について簡潔に解説

確認問題は CheckLink で解答状況を確認

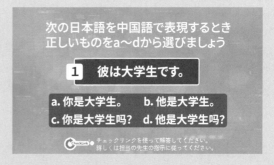

日中異文化理解動画

会話シーン

解説シーン

● 日本を舞台とした会話シーンでは、日本人学生と留学生のやり取りから、日中異文化を描いています。

● 解説シーンでは洪潔清先生による異文化理解の説明があります。

続・中国語でおもてなし

2024 年 1 月 9 日　初 版 発 行

著　者　　おもてなし中国語教材開発
　　　　　研究チーム
発行者　　福岡正人
発行所　　株式会社　金星堂

〒101-0051　東京都千代田区神田神保町 3-21
Tel. 03-3263-3828　Fax. 03-3263-0716
E-mail : text@kinsei-do.co.jp
URL : http://www.kinsei-do.co.jp

編集担当　川井義大　　　　　　　　　　2-00-0737
組版／株式会社欧友社　印刷／興亜産業　製本／松島製本

本書の無断複製・複写は著作権法上での例外を除き禁じられています。本
書を代行業者等の第三者に依頼してスキャンやデジタル化することは、た
とえ個人や家庭内の利用であっても認められておりません。
乱丁・落丁本はお取り替えいたします。

KINSEIDO, 2024, Printed in Japan

ISBN978-4-7647-0737-5　C1087